세상에 대하여
우리가
더잘 알아야 할
교양

22

지은이 | 옮긴이 | 감수자 소개

지은이 **피트 무어** Pete Moore

브리스틀 트리니티 대학의 명예 연구원이자 의학 저널리스트 협회 회장입니다. 저서 《Blood and Justice》로 MJA Tony Thistlethwaite 상을 수상하였고, 의학 저널리스트로 활동하며 쓴 기사로 수많은 상을 받았습니다. 윤리학 강의로까지 자신의 활동 영역을 넓혀 가며 왕성한 활동을 하고 있습니다. 국내에 소개된 책으로는 《세상에 대하여 우리가 더 잘 알아야 할 교양 ⑲유전 공학, 과연 이로울까?》가 있습니다.

옮긴이 **김좌준**

의학 분야 전문 번역가로 활동하고 있으며, 의료 업체에서 U-헬스케어 관련 기획 및 개발 업무를 담당하고 있습니다. 인하대학교 의과대학과 동 대학원 의학과를 졸업하였습니다. 옮긴 책으로는 《외상 후 스트레스 장애》 등이 있습니다.

감수자 **김동욱**

연세대학교 의과대학에 재직 중이며, 국제줄기세포포럼의 한국 대표, 한국줄기세포학회 이사, 줄기세포기반 신약개발사업단 단장으로 활동하고 있습니다. 고려대학교를 졸업하고 동 대학원에서 유전공학 석사 학위를, 일본 동경대학교 대학원에서 생명공학 박사 학위를 취득하였으며, 미국 예일대학교 의과대학 연구원, 미국 하버드대학교 의과대학 전임강사를 지낸 바 있습니다. 2006년 8월부터 교육과학기술부 21세기 프론티어 연구개발 사업으로 시작되었던 세포응용연구사업단의 2대 단장을 맡아 2012년 사업 종료 시까지 사업을 이끌어 많은 성과를 이루었습니다.

감수자 **황동연**

차의과학대학교에 재직 중이며 한국줄기세포학회 이사로 활동하고 있습니다. 전문 분야는 신경 재생 치료(뇌졸중, 파킨슨병)와 줄기세포학(iPS 세포 제작·리프로그래밍 및 Stemness 기작 연구)입니다. 서울대학교 미생물학과를 졸업하고 동 대학원에서 석사 학위를, 미국 피츠버그대학교 의과대학에서 박사 학위를 취득했습니다. 미국 하버드대학교 의과대학에서 전임강사와 교수를 역임하였고, 2004 NARSAD Young Investigator Award(미국 신경정신과학 분야에서 젊고 유망한 과학자들에게 수여하는 상) 등 국내외에서 많은 상을 수상하였습니다.

세 상에 대하여
우리가
더잘 알아야 할
교양

피트 무어 글 | 김좌준 옮김 | 김동욱, 황동연 감수

22

줄기세포
꿈의 치료법일까?

내인생의책

차례

감수자의 말 - 6

들어가며 : 손상된 척수의 복구 - 8

1. 줄기세포란 무엇일까요? - 13

2. 줄기세포를 얻는 방법 - 27

3. 줄기세포를 둘러싼 윤리 논쟁 - 41

4. 줄기세포로 무엇을 할 수 있을까요? - 59

5. 각국의 줄기세포 관련 정책 - 79

6. 줄기세포 연구의 미래 - 93

용어 설명 - 103

생명윤리 및 안전에 관한 법률 - 106

연표 - 108

더 알아보기 - 111

찾아보기 - 113

※ 본문의 **굵은 글씨**로 표시된 단어는 103쪽 용어 설명에서 찾아보세요.

　　이 책을 읽는 학생 여러분은 아마도 새로운 난치병 치료제 소식이나
줄기세포 화장품, 줄기세포 성형 따위의 광고에서 '줄기세포'라는 말을
접해 보았을 것입니다. 여기서 줄기세포의 특징을 유추해 보자면, 무언
가 병들거나 노화된 신체를 새롭게 고쳐 주는 이미지가 연상됩니다.

　　줄기세포는 배아 또는 성체에 존재하며, 생명체의 조직과 기관의 기
원이 되는 미분화 상태의 세포를 말합니다. 특히 배아 줄기세포는 우리
몸을 구성하는 뼈와 신경, 간, 혈액 등 어떠한 세포나 기관으로도 성장할
가능성을 지니고 있지요.

　　인류가 이 마법 같은 줄기세포의 존재를 알게 된 것은 그리 오래되지
않았습니다. 100여 년 남짓한 줄기세포 연구의 역사 속에서도 우리나라
는 뒤늦게 이 분야에 뛰어들었습니다. 2002년에 정부는 21세기 프론티
어 연구개발 사업으로 '세포응용연구사업단'을 꾸리고 줄기세포 연구를
지원해 왔지요. 이러한 국가 지원 하의 연구뿐 아니라 민간 차원에서도
연구가 활발히 진행돼, 불과 몇 년 만에 우리나라는 줄기세포 연구에 있
어 세계 선두 그룹으로 진입하려 하고 있습니다.

　　줄기세포 연구가 황금알을 낳는 분야라고까지 찬사와 주목을 받는 이
유는 동서고금으로 인류가 꿈꾸어 왔던 질병 퇴치와 수명 연장의 꿈을

이룰 수 있지 않을까 하는 기대 때문입니다. 치료 방법이 없어서 평생 고통 속에 있거나, 죽어 가는 가족이나 친지들을 안타깝게 바라보고만 있을 수밖에 없었던 사람들은 효과적인 치료법이 개발되는 것처럼 반가운 일이 없겠지요. 따라서 줄기세포를 이용한 혁신적인 세포치료제가 개발될 수 있다면 환자들과 그 가족들에게 큰 기쁨과 희망을 가져다줄 수 있을 것입니다.

이 책은 줄기세포의 정의와 종류 등 줄기세포가 무엇인지부터 알기 쉽게 설명하고 있습니다. 왜 줄기세포가 각광받는지, 줄기세포는 어디서 어떻게 얻을 수 있는지와 더불어 줄기세포 연구의 역사와 각국의 관련 정책도 소개하고 있습니다. 무엇보다도 줄기세포를 연구할 때 생각해야 할 여러 생명윤리적 문제를 다루어 자라나는 청소년들이 올바른 가치관을 세우도록 돕습니다. 초등학교 고학년에서 고등학생까지도, 나아가 일반 성인들도 줄기세포 입문서로 읽기에 훌륭한 책입니다. 아무쪼록 이 책을 통해 학생들 중 향후 난치 질환 극복에 도전하는 의생명과학자가 많이 나왔으면 하는 바람입니다.

차의과학대학교 황동연 교수

들어가며 : 손상된 척수의 복구

2010년 11월, 미국 캘리포니아 주에 있는 **생명공학** 회사인 제론(Geron) 사는 줄기세포를 이용한 새로운 기술을 개발했다고 발표했습니다. 이들은 새로 개발한 이 기술로 환자를 치료했습니다. 과학자들은 1주일이 채 안 된 인간 **배아**에서 세포를 채취하여 실험실에서 조심스럽게 배양했습니다. 그리고 사고로 척수가 손상된 환자의 척추 속에 이 세포를 주입했지요. 이때 척추에 주입된 세포가 바로 줄기세포입니다.

척수란 척추 안을 가로지르는 복잡한 신경 다발입니다. 마치 거대한 전화 케이블처럼, 척수는 뇌가 내린 정보를 우리 몸 곳곳에 전달해 주고, 또 반대로 우리 몸에서 일어나는 각종 신호를 뇌로 전달해 주는 역할을 합니다. 미국에서는 매년 약 12,000명의 사람들이 각종 사고로 척수를 다칩니다. 척수가 손상되면 더는 신호가 전달되지 않아 다친 곳 아래의 팔다리가 움직이지 않게 됩니다.

의사들은 손상된 척수 부위에 줄기세포를 주입해서 척수를 복구하려는 시도를 하고 있어요. 만약 이 시도가 성공한다면, 손상된 척수 주위를 줄기세포가 둘러싸서 척수가 제 역할을 할 수 있도록 도울 거예요.

하지만 줄기세포 연구의 가능성을 두고 모든 사람이 긍정적인 시선으로 바라보는 것은 아닙니다. 제론 사의 과학자와 의사들이 인간 배아를 창조하고 파괴하는 것에 대해 우려를 나타내는 사람들이 많아요. 이들은 인간 배아를 완전한 인간이라고 봅니다. 그런데도 치료 방법을 개발하는 데 이 불쌍한 생명이 이용되고 있다고 지적합니다.

또 환자의 몸 안에 주입된 줄기세포가 통제를 벗어나 제멋대로 자라날지도 모른다고 걱정하는 사람들도 있어요. 만약 이런 일이 일어난다면, 줄기세포는 치명적인 **암**으로 자라서 환자의 척수에 더 큰 해악을 끼칠 수도 있겠지요.

미국 상원의원인 바바라 복서(왼쪽)가 2003년 7월 제론 사의 실험실을 방문하여 현미경 모니터를 통해 줄기세포를 보고 있다. 복서 상원의원은 제론 사의 연구자들에게 줄기세포 연구를 지원하겠다고 약속했다.

더 걱정스러운 것은 이러한 초기 단계의 줄기세포 연구에 지원한 환자들이 치명적인 위험에 노출되어 있다는 사실입니다. 또한 소수의 환자를 위해 막대한 돈을 쏟아부어 줄기세포 치료법을 개발하면서도, 정작 치료법을 알고 있어 돈만 있으면 나을 수 있는 다른 질환 환자들은 매년 수백만 명씩 목숨을 잃도록 내버려 두는 현실을 개탄하는 사람도 많습니다.

줄기세포 연구에 인간의 배아를 사용하는 것은 윤리적으로 받아들일 수 없다고 주장하는 사람들이 있다. 아래 사진은 2008년 브라질에서 적절한 통제하의 줄기세포 연구를 허용할지를 판결하는 날, 반대론자들이 브라질 대법원 밖에서 시위를 벌이고 있는 모습이다.

찬성 VS 반대

　우리의 시도는 인간 **배아 줄기세포**를 이용한 치료법의 이정표가 될 것이다.

　　　　　　– **토마스 B. 오카마 박사** 제론 사의 대표이자 최고경영자, 2010년

　배아 줄기세포를 연구하는 과학자들조차 제론 사의 시도에 우려를 나타낸다. 왜냐하면 실험용 쥐를 대상으로 한 실험에서도 줄기세포 치료법의 성공 여부가 완전히 입증되지 않았기 때문이다. 제론 사가 환자의 건강, 특히 생명을 담보로 자신의 정치적인 목적을 이루고 회사 주식 가치를 올리려 하는 것은 아닌지 심히 우려된다.

　　　　　　– **데이비드 프랜티스 박사** 전 인디애나주립대학 교수, 2010년

줄기세포란 무엇일까요?

줄기세포란 우리 몸을 구성하는 뼈와 신경, 혈액에서 심장이나 간에 이르기까지 무엇이든 될 수 있는 가능성을 지닌 세포예요. 이 세포들이 이후 몇 주간 성장하고 분열하면서 점차 자신 만의 고유한 기능을 지닌 세포가 됩니다.

모든 살아 있는 유기체는 아주 작은 세포로 구성되어 있습니다. 우리들 역시 엄청나게 많은 세포로 만들어져 있지요. 여러분의 손가락을 한번 볼까요? 자를 가지고 손가락에서 길이 2cm 정도를 재어 보세요. 바로 이 2cm 안에 1,000개가 넘는 세포가 있답니다. 이렇게 작은 세포 하나하나에도 살아남기 위한 생물학적 장비가 갖추어져 있어요. 예를 들어 각각의 세포는 **핵**을 하나씩 가지고 있습니다. 이 핵은 길이가 2mm 정도 되는 실처럼 길게 늘어진 **디엔에이**(DNA) 분자를 가지고 있는데, 여기에 생물체의 모든 정보가 저장되어 있습니다. 마치 정보의 도서관처럼 말이지요. 이 생물학적 도서관은 인류가 생존하기 위해 필요한 모든 정보를 갖추고 있으며, 우리 몸을 이루는 모든 세포에서 찾아볼 수 있습니다.

생명의 탄생

인간이라는 존재는 유전 정보가 담긴 하나의 세포로부터 출현하기 시작합니다. 바로 수정란이지요. 이 하나의 세포가 자라서 똑같은 두 개의 세포로 나누어집니다. 몇 시간이 지나면 두 개의 세포가 네 개로 나누어지고, 다시 여덟 개, 열여섯 개, 서른두 개, 예순네 개가 됩니다. 이런 세포 덩어리를 **상실배**(morula)라고 하는데, 상실(桑實)이란 뽕나무 열매, 즉 오디를 말한답니다. 세포가 주렁주렁 붙어서 덩어리를 이룬 모양이 꼭 오디와 비슷하다고 하여 상실배라는 이름을 붙였지요. 이 상실배는 엄마의 나팔관을 타고 자궁으로 내려가는 동안에 만들어집니다. 나팔관은 난자를 만드는 난소와 자궁을 이어 주는 얇은 관을 말하는데, 이 기다란 관을 통해서 수정란이 자궁으로 이동한답니다.

정자와 난자가 만나 **수정**된 지 약 4~6일 정도가 지나면 이 상실배

수백 개의 정자가 난자에 도착하지만 이 중에서 오직 하나의 정자만이 외막을 뚫고 난자와 수정할 수 있다. 이렇게 형성된 하나의 수정란에서 줄기세포가 발달한다.

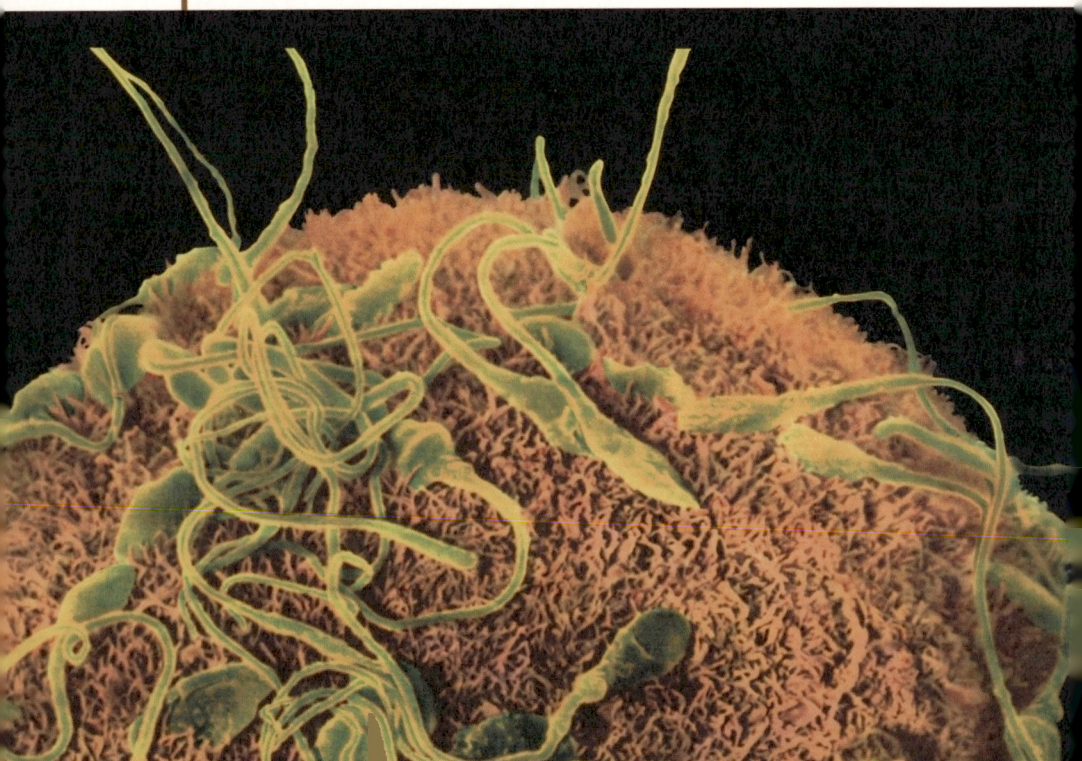

는 속이 빈 공 모양이 됩니다. 이 안에는 세포 덩어리가 하나 들어 있는데, 이를 **배반포**(blastocyst)라고 합니다. 공 모양의 바깥쪽 세포는 **영양배엽**(trophoblast)이라고 하며, 이것이 자라서 **태반**이 됩니다. 태반은 임신한 동안 배아 또는 **태아**에게 양분을 공급해 주지요. 안쪽의 세포 덩어리는 배아로 자라나게 됩니다.

줄기세포는 언제 분화될까?

이 시기 배반포 안쪽에 있는 세포는 모두 줄기세포입니다. 줄기세포란 우리 몸을 구성하는 뼈와 신경, 혈액에서 심장이나 간에 이르기까지 무엇이든 될 수 있는 가능성을 지닌 세포예요. 이 세포들이 이후 몇 주간 성장하고 분열하면서 점차 자신만의 고유한 기능을 지닌 세포가 됩니다.

이 세포들은 대개 특정 기관의 일부로 성장하는데, 일단 발달을 마치고 나면 원래 가지고 있던 다양한 잠재 능력은 사라집니다. 즉, 대부분의 세포는 일단 자기 역할이 정해지면 더는 변화하거나 분열할 수 없게 됩니다. 반면 어떤 세포는 우리 몸에서 한 가지 역할을 맡은 후에도 여전히 분열 능력을 유지합니다. 한 가지 예로, 우리 피부 밑에 있는 줄기세포들이 그렇지요. 이 줄기세포는 피부가 칼에 베이거나 벗겨졌을 때, 새로운 피부 세포를 만들어 줍니다. 이를 '성체 줄기세포(adult stem cell)'라고 해요. 완전히 성장한 어른에게서 발견되기 때문에 이렇게 부르게 되었지요. 또한 우리 몸을 구성하는 체세포에서 보이기 때문에 **'체세포 줄기세포'**라고도 합니다. 이런 종류의 줄기세포는 우리가 성장하는 동안 활성화되어 있다가 성장이 끝나면 활동을 멈추고 아무 일도 하지 않습니다. 그러다 우리 몸의 일부가 다쳐서 재생할 필요성이 생기면 다시 활동을 시작하지요.

알아두기

우리 몸은 약 50~100조(5×10^{13}~1×10^{14}) 개의 세포로 이루어져 있다. 이 많은 세포들이 단 한 개의 줄기세포에서 생겨난다.

1일	2~4일	4~20일	21일
수정	상실배	배반포	초기 배아
	전능성 줄기세포	만능성 줄기세포	다능성 줄기세포
	(totipotent stem cell)	(pluripotent stem cell)	(multipotent stem cell)

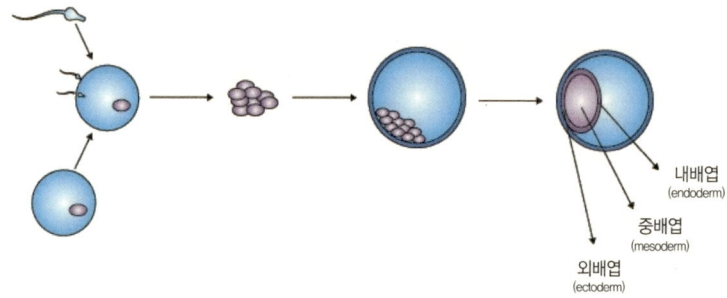

내배엽
(endoderm)

중배엽
(mesoderm)

외배엽
(ectoderm)

이 그림은 정자와 난자가 수정된 이후부터 배아 초기 단계까지의 과정을 나타낸 것이다. 그림에서 알 수 있듯, 배아가 자라는 동안 배아의 줄기세포도 발달하고 변화한다.

줄기세포라고 다 같지는 않다

모든 줄기세포가 같은 능력이 있는 것은 아닙니다. 어느 단계에 있느냐에 따라 차이가 생기지요. 줄기세포를 연구하는 과학자들은 대체로 특별한 역할을 지니도록 정해진 줄기세포보다는 다양한 형태로 발달할 가능성이 많은 줄기세포에 더 큰 관심을 보인답니다.

전능성 줄기세포

정자와 난자가 결합하여 수정이 되면 하나의 세포가 형성되어 빠른 속도로 자라면서 분열을 시작합니다. 수정된 지 2~4일 정도가 지나면 약 100개의 세포로 이루어진 작은 세포 덩어리, 즉 상실배가 됩니다. 이때 각각의 세포는 아주 대단한 능력을 가지고 있어요. 만약 이 세포 덩어리를 여러 개로 나눈다면, 각각의 덩어리가 유전적으로 서로 완전히 동일한 배아로 자라는 모습을 관찰할 수 있을 겁니다. 각각의 배아는 건강하고, 손상된 데 없이 온전할 거예요. 이것이 바로 배아가 둘로 나뉜 뒤

최초의 줄기세포 실험

꽤 오래전인 1890년대, 독일의 생물학자 한스 드리쉬(Hans Driesch)는 바다 성게의 배아를 가지고 다양한 실험을 했다. 어느 날, 그는 비커에 바닷물을 채우고 2개의 세포로 이루어진 성게 배아를 넣고선 두 세포가 분리될 때까지 흔들었다. 그 후 몇 주가 지나자 각각의 세포는 독립적으로 성장해서 완전한 바다 성게 성체가 되었다.

1902년 또 다른 독일 생물학자인 한스 슈페만(Hans Spemann)은 도롱뇽 수정란을 가져다가 수정란이 두 개의 세포로 분열될 때까지 기다린 다음, 세포를 하나씩 따로 떼어 내는 실험을 했다. 이 두 개의 세포는 각각 성장하여 유전적으로 서로 똑같은 도롱뇽이 되었다.

과학자들은 위의 두 가지 실험을 통해, 초기 배아의 세포가 무한한 가능성을 지녔다는 사실을 밝혀냈다. 이 실험들은 이후 줄기세포 연구의 기초가 되었다.

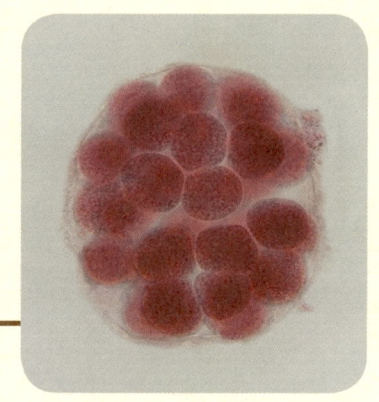

바다 성게의 배아는 줄기세포 연구에 중요한 단서를 제공했다.

각각의 배아가 완전한 아기로 자라나는, 일란성 쌍둥이가 형성되는 과정입니다. 이렇게 이 시기의 줄기세포는 우리 몸의 어떤 조직으로도 자랄 수 있는 능력이 있어서 '**전능성(totipotent) 줄기세포**'라고 불린답니다.

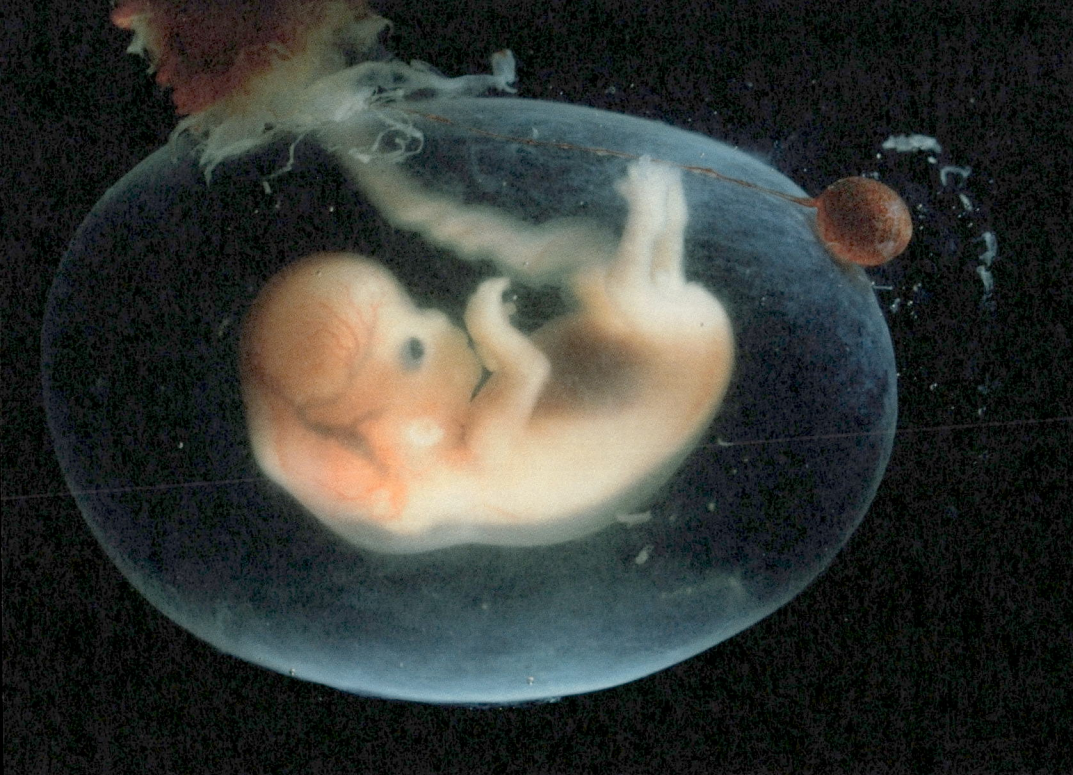

8주 된 인간 배아의 모습이다. 이 시기에는 대부분의 세포가 이미 특정한 조직으로 **분화**되어, 전능했던 분화 능력을 잃은 상태. 하지만 일부 세포는 그 능력을 유지하고 있어서 줄기세포 연구에 이용되기도 한다.

만능성 줄기세포, 다능성 줄기세포

수정이 되고 2주가 지나면 세포들은 배반포가 됩니다. 꼭 속이 텅 빈 공 같은 모양새를 띠면서 한쪽 공간에 세포 덩어리가 붙어 있어요. 이 시기부터는 세포들이 나름대로 역할 분담을 해서 특정 조직으로 발달하기 시작합니다. 그 결과, 이전에 가지고 있었던 전능한 능력을 조금씩 잃어버리게 되지요. 이 단계 중에서도 초반의 세포를 '**만능성(pluripotent) 줄기세포**'라고 불러요. 그만큼 많은 형태의 조직으로 자랄 수 있는 능력을 지녔기 때문이랍니다. 이후에는 '**다능성(multipotent) 줄기세포**'로 바뀌

는데, 이제는 몇 가지 형태의 조직으로만 자랄 수 있지요. 특히 일부 세포는 오직 한 가지 종류의 세포만을 만들 수 있는 특화된 조직 줄기세포가 됩니다.

왜 사람들은 줄기세포에 열광할까?

전 세계에서 진행되는 의학 연구의 목적은 사람들이 건강하게 지내도록 돕고, 질병이나 사고 또는 노화에 따른 손상을 고쳐 주는 것입니다. 우리 몸에 있는 줄기세포가 하는 역할도 바로 이것이지요. 줄기세포는 배아에 세포 형태로 있다가 시간이 지남에 따라 발달하고 변화합니다. 이 중 일부는 체세포 줄기세포가 되어 우리 몸이 상처를 입었을 때 손상된 곳을 복구하는 역할을 해요.

과학자들은 줄기세포가 어떻게 신체를 건강하게 유지하는 데 도움을 주는지 알고 싶어 합니다. 만약 줄기세포가 어떤 식으로 작동하며, 어떻게 인위적으로 줄기세포를 만들어 내고 조절할 수 있는지 알아낸다면 새로운 치료법을 개발할 수 있을 겁니다. 예를 들어, 병든 환자에게 별도의 '건강 회복' 줄기세포를 투입함으로써 환자가 지닌 신체 본연의 치유 능력을 증진

2002년 3월 5일, 크리스토퍼 리브가 미국 상원 청문회에서 줄기세포 연구를 지지하는 캠페인을 벌였다. 영화 〈슈퍼맨〉의 배우로 유명한 리브는 1995년 낙마 사고로 전신 마비가 되었으나 좌절하지 않고 의료 보호 확대를 요청하는 사회운동을 활발히 펼치다 2004년 세상을 떠났다.

할 수 있겠지요.

　줄기세포 연구 지지자들은 줄기세포가 실험실 연구에도 매우 유용하다고 주장합니다. 일단 실험실에서 이러한 세포를 배양하면, 세포는 계속 자라고 분열하므로 똑같은 세포를 끝없이 생산할 수 있다는 것이지요. 그러면 신약을 개발하기 위해 실험용 동물을 이용하는 대신 이러한 세포를 이용할 수 있어요. 특히 수천 가지의 비슷비슷한 약물 중에서 어느 것이 가장 효과적인지 알고자 할 때 요긴하게 사용할 수 있습니다. 수백 개의 세포를 각각의 화합물에 노출시켜 놓으면, 어떤 약이 효과적인지 빠르고 저렴하게 확인할 수 있을 테니까요. 이렇게 되면 지금처럼 동

2006년 7월, 당시 미국 대통령 조지 W. 부시가 줄기세포 연구 지원 법안에 거부권을 행사하겠다고 발표했다. 부시 대통령은 이 법안이 "무고한 생명을 앗아 가는 일을 지지한다."며 비판했다. 이 거부권 행사로 미국 내에서 배아 줄기세포 연구에 대한 정부 연구비 지원이 금지되었다.

물의 희생을 담보로 하는 실험을 계속하지 않아도 되겠지요.

왜 줄기세포 연구에 논쟁이 일어날까?

가장 핵심적인 논란거리는 과학자들이 줄기세포를 얻기 위해 인간 배아를 사용한다는 사실에 있습니다. 일단 배아에서 줄기세포를 얻고 나면, 그 배아는 버려집니다. 이렇게 인간 배아를 파괴하는 것이 윤리적인가 하는 점이 줄기세포 연구를 둘러싼 논쟁의 주요 쟁점이에요.

배아가 완전한 인간인지 아니면 아직은 '생명'이 아닌 '세포 덩어리'에 불과한지에 대해서는 사람마다 다른 시각을 가집니다. 그러나 대부분의 사람들은 인간 배아도 존중받아야 한다는 데 동의해요. 중요한 것은 인간 배아를 과학 연구나 치료용으로 사용하는 것이 윤리적으로 타당한가 하는 문제입니다.

아무리 과학적 연구라고 하지만 인간의 배아를 사용하고 폐기하는데, 그 과정에 기업들이 개입하고 돈을 버는 데 심리적 거부감을 느끼는 사람들도 많습니다. 또한 연구 초기에 줄기세포로 치료받은 환자들이 겪을 위험성 역시 검증되지 않았기에 우려의 대상입니다.

찬성 vs 반대

인간 배아 **줄기세포주**의 수립과 분양에 성공했다는 최근의 연구 보고는 열광할 만한 일이다. 이로써 생명과학 연구는 새로운 영역으로 들어서게 되었다.

– 미국 국립보건원(NIH) 2000년

배아 줄기세포 연구는 도덕적 해이에 앞장서는 일이다.

– 조지 W. 부시 전 미국 대통령 2001년 8월 9일

간추려 보기

• 상실배 단계(상실기)의 세포는 우리 몸을 구성하는 어떤 형태의 조직으로 도 자랄 수 있다. 이 세포를 전능성 줄기세포라고 한다.
• 배반포 단계(포배기, 수정된 지 4~6일 뒤)의 줄기세포는 여러 가지 형태의 조직으로 자랄 수 있다. 이때의 세포를 만능성 줄기세포라고 한다.
• 9주 이상의 태아나 아기 또는 성인에게서 채취한 줄기세포는 오직 몇 가 지 형태의 조직으로만 자랄 수 있다. 이러한 세포를 다능성 줄기세포라고 한다.
• 배아를 파괴하면서 줄기세포를 얻는 일을 비윤리적이라고 생각하는 사람 들이 많다.

2

줄기세포를 얻는 방법

인간의 배아가 상실기와 포배기에 있을 때 줄기세포를 가장 쉽게 발견할 수 있습니다. 이 단계에 있는 줄기세포는 우리 몸의 어떠한 조직으로도 분화할 수 있습니다. 심장이 될 수도 있고 뼈가 될 수도 있다는 뜻이지요. 과학자들은 이처럼 다재다능한 줄기세포를 여러 가지 방법으로 얻고 있습니다.

인간의 배아가 상실기와 포배기에 있을 때 줄기세포를 가장 쉽게 발견할 수 있습니다(17~21쪽 참조). 이 단계에 있는 줄기세포는 우리 몸의 어떠한 조직으로도 분화할 수 있습니다. 심장이 될 수도 있고 뼈가 될 수도 있다는 뜻이지요. 마치 어린 아기가 음악가가 될지 위대한 과학자가 될지 아직 알 수 없는 것처럼 말이에요. 과학자들은 이처럼 다재다능한 줄기세포를 여러 가지 방법으로 얻고 있습니다.

시험관아기 시술로부터 줄기세포 채취

시험관아기 시술(IVF, 체외 수정)을 통해서 줄기세포를 얻는 방법이 있습니다. 통계에 따르면 대략 부부 여섯 쌍 중 한 쌍이 임신하는 데 어려움을 겪는다고 합니다. 이런 부부들은 임신하기 위해 시험관아기 시술을 이용하곤 하지요. 시술 과정은, 우선 의사가 여성의 난자를 여러 개 채취하고 남성으로부터도 정자를 얻습니다. 그런 다음 배양관에서 난자와 정자를 수정시킵니다. 배양이 성공적일 경우 약 6~7개의 배아를 얻을 수 있답니다. 이 중 배아 두 개를 여성의 자궁에 옮기면 여성은 임신하여 아이를 가질 수 있어요. 물론 이 과정이 항상 성공하지는 않고, 다섯 번에

한 번 꼴로 성공한다고 해요. 이렇게 이식한 배아 두 개가 모두 잘 자라면 쌍둥이가 됩니다. 그래서 시험관아기 시술을 하면 쌍둥이가 태어나는 일이 많지요. 영국에서는 한 번에 배아를 최대 두 개만 옮기도록 규정하고 있습니다. 만약 임신 성공률을 높이기 위해 더 많은 배아를 자궁에 옮기면 여성이 세쌍둥이를 임신하게 될 가능성이 커집니다. 이 경우 각 태아는 발육이 부진해서 미숙아 상태로 나올 수도 있는데, 이는 아기에게나 엄마에게나 위험한 일이기 때문이에요.

한편 이식에 쓰이지 않고 남은 배아는 폐기될 수도 있고, 첫 번째 시술이 실패했을 때 다시 사용되기도 합니다. 또는 냉동 상태로 보관되었다가 그 부부가 나중에 또 다른 아기를 갖고 싶을 때 쓰이기도 해요. 그리고 또 하나의 가능성이 있습니다. 부부의 동의 아래, 과학자들에게 줄기세포 채취용으로 기부되는 경우입니다.

그러나 이 문제는 논쟁을 유발합니다. 어떤 사람들은 남은 배아를 버

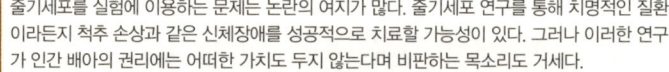

줄기세포를 실험에 이용하는 문제는 논란의 여지가 많다. 줄기세포 연구를 통해 치명적인 질환이라든지 척추 손상과 같은 신체장애를 성공적으로 치료할 가능성이 있다. 그러나 이러한 연구가 인간 배아의 권리에는 어떠한 가치도 두지 않는다며 비판하는 목소리도 거세다.

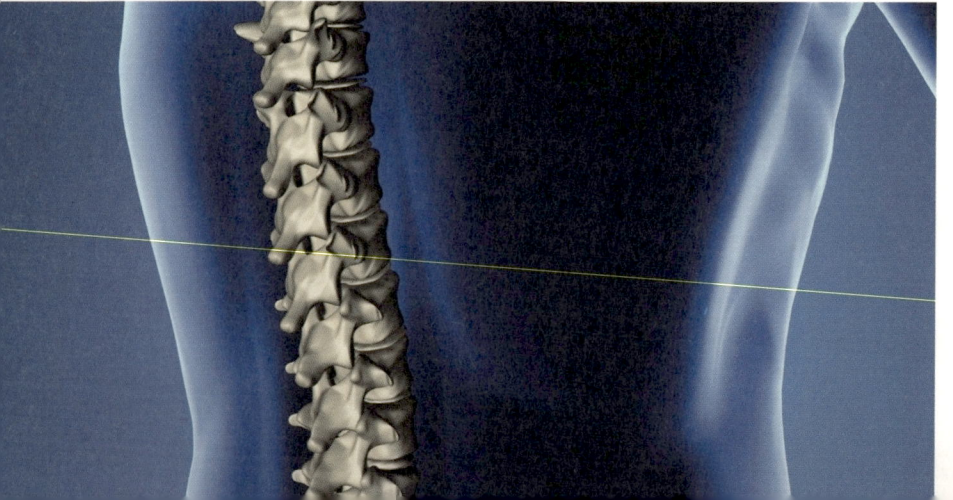

리지 않고 줄기세포를 얻는 데 쓰는 건 좋은 일이라고 주장합니다. 이 작은 세포 덩어리들이 인간의 질병을 연구하고 치료하는 데 쓰일 수 있다면 그렇게 해야 한다는 의견이지요. 하지만 반대론자들은 인간의 배아도 생명체

이제는 인터넷으로 인간의 난자를 사고파는 일이 가능해졌다. 이 난자들은 줄기세포 연구에 사용될 수도 있다. 하지만 줄기세포 반대론자들은 난자 매매가 윤리적으로 용납될 수 없다고 말한다.

이므로 인간과 동등한 권리를 가져야 한다고 합니다. 따라서 어떤 형태로든 배아에게 해를 입혀서는 안 된다고 주장하지요. 일부 종교 단체는 더 강경하게 반대합니다. 가령 로마 가톨릭교회는 배아가 줄기세포 채취용으로 쓰이는 것뿐만 아니라 시험관아기 시술 자체를 반대합니다. 정자와 난자는 오직 여성의 몸 안에서만 만나야 하며, 인간 창조에 과학이나 기술이 관여해서는 안 된다고 생각하기 때문입니다.

연구용으로 만들어지는 줄기세포

최근 줄기세포를 이용하는 다양한 방법이 개발되면서, 시험관아기 시술 과정에서 나오는 잔여 배아만으로 줄기세포를 얻기에는 그 양이 부족합니다. 그래서 과학자들은 오로지 줄기세포를 얻을 목적으로 난자를 인공적으로 수정시키는 방안을 제시했어요. 당연히 이것은 더 심각한 윤리적인 논란을 일으켰지요.

찬성 vs 반대

우리는 난자를 기증하는 참여자에게 소정의 비용을 지불했다. 하지만 이는 대단한 금전적 보상은 아니었다. 기증자들은 인류를 위한 연구를 위해 위험을 감수하면서 자발적으로 참여했다고 생각한다.

– 데브라 매튜 존스 홉킨스 버만 생명윤리협회,
〈사이언티픽 아메리칸〉 지에 2009년 11월 17일 기고

난자를 채취하기 위한 시술을 받고 난 난자 제공 여성들이 불임이 되거나 부작용으로 사망할 가능성이 있다는 충격적인 보고가 있다. 이는 미국에서 드문 일도 아니다.

– 조세핀 퀸타벨 생명윤리에 관한 캠페인 그룹 CORE의 책임자

처녀생식을 통해 줄기세포 채취

어쩌면 과학자들에게 또 다른 선택지가 있을지도 모릅니다. 정상적인 경우 인간의 난자는 정자와 결합한 뒤 배아로 자랍니다. 하지만 일부 동물에서는 암컷이 수컷과 수정하지 않고 새로운 개체를 만드는 경우도 있어요. 이를 **처녀생식**(단성생식)이라고 하는데, 포유동물에서는 정상적인 방법으로는 절대 나타나지 않는 현상입니다. 그런데 2007년 6월, 미국 캘리포니아에 위치한 한 줄기세포 연구 회사(International Stem Cell Corporation)가 처녀생식을 유발함으로써 수정되지 않은 인간 난자로부터 줄기세포를 얻었다고 주장했어요.

이 세포들은 수정되지 않은 난자에서 얻은 것이기 때문에 온전한 인

도마뱀 중 어떤 종들은 처녀생식을 통해 수정되지 않은 알을 낳는데, 이 알들은 부화해서 새끼가 된다. 이제 과학자들은 인간 난자를 자극하여 정자와 수정하지 않고도 배아로 자라나게 하는 방법을 연구하고 있다. 이 배아를 줄기세포 연구에 사용하기 위해서다.

간으로 자랄 수는 없습니다. 따라서 어떤 이들은 이를 배아라고 생각하지 않기도 해요. 사실 처녀생식을 통한 배아를 사용한다면, 배아 줄기세포 연구에 뒤따르는 윤리적 문제를 피해 갈 수 있을지도 모르지요. 하지만 이 방법 역시 위험성이 있습니다. 무엇보다도 정상적인 인간으로 자라지 않는다는 사실만으로도 이 세포가 완전히 정상적인 세포가 아니라는 점은 명백합니다. 그러므로 사람에게 이 줄기세포를 주입하는 것이 과연 안전한지 의문이 제기될 수밖에 없어요.

유산된 태아로부터 줄기세포 채취

유산된 태아로부터 줄기세포를 얻는 것도 가능합니다. 상실배와 배반포 단계에 있는 세포가 가장 분화 능력이 좋기는 하지만, 이보다 진행된 태아 발달 단계에서도 유용한 줄기세포를 얻을 수 있으니까요. 배아가 8주까지 자라면 길이는 비록 3cm밖에 안 되지만 기본적인 장기가 모두 형성됩니다. 이때부터 어른이 될 때까지 태아의 장기는 크기도 커지고 기능도 발달합니다. 결국, 발달 과정의 여덟 번째 주에 들어서면 대부분의 세포가 특정한 역할을 수행하도록 정해지지요.

하지만 이때도 줄기세포의 일부는 어떤 조직을 다시 형성할 수 있는 능력을 간직한 채 남아 있게 됩니다. 다만 이 시기의 줄기세포는 어떠한 조직으로도 분화할 수 있는 전능성 줄기세포나 배아 초기 단계에서 볼 수 있는 만능성 줄기세포가 아니라, 오로지 일정 범위 안의 세포만 만들어 낼 수 있는 다능성 줄기세포입니다. 과학자들은 유산된 태아에서 이 줄기세포를 조심스럽게 추출하여, 실험실에서 분리하고 배양합니다.

제대혈과 성체로부터 줄기세포 채취

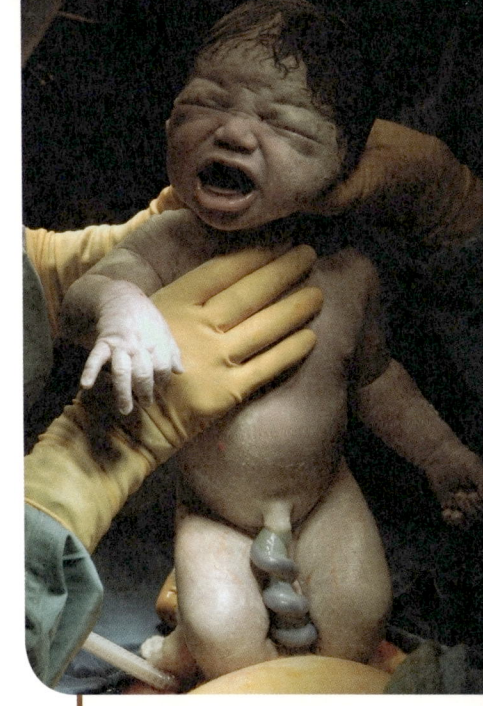

엄마의 자궁에서 자라는 동안 아기는 필요한 영양분과 산소를 모두 태반으로부터 얻는데, 태반과 태아를 연결해 주는 기관이 바로 **탯줄**이에요. 아기가 태어나면 탯줄도 태반과 함께 나오지요. 이때 탯줄과 태반에서 얻은 혈액으로부터 만능성 줄기세포를 얻을 수 있어요. 이렇게 줄기세포를 모으는 과정은 윤리적으로도 문제될 것이 없어요. 이 과정에서 그 누구도 해를 입지 않고, 쓰고 나서 버려지는 배아도 없기 때문이지요. 다만 이 과정에서 얻어진 만능성

갓 태어난 아기의 탯줄과 태반에서 나오는 혈액을 모아 사용하면 인간 배아를 사용하지 않고도 줄기세포를 얻을 수 있다.

줄기세포는 상실배 단계의 전능성 줄기세포보다는 분화 능력이 떨어집니다. 그래서 이 과정이 윤리적인 면에서는 부담이 없을지라도, 줄기세포 연구자들은 여전히 인간 배아에서 얻은 줄기세포를 선호하지요.

성인에게서 조직 샘플을 얻은 다음 정교한 기술을 이용해 그것을 줄기세포로 바꾸는 것도 가능합니다. 한 가지 예를 들어 보지요. 우선, 인간의 난자를 채취한 다음 거기 담긴 유전 정보를 제거합니다. 이 말은 곧, 난자에서 세포핵을 제거한다는 뜻이에요. 동시에 성인의 조직 일부를 채취하여 개별 세포들로 분리합니다. 그런 다음 핵이 제거된 난자를 분리된 성체 세포들 중 하나의 옆에 놓아요. 조건을 잘 맞춰 주면, 이 두 세포

는 서로 결합하여 하나의 배아로 자랍니다. 이렇게 자란 세포들은 조직 일부를 주었던 사람의 세포와 유전적으로 완전히 동일합니다. 그래서 이를 **복제** 과정으로 보는 사람도 있어요. 한편 이 과정 역시 배아(새로운 생명)를 생성하고 파괴하므로 비윤리적이라고 말하는 이들도 있지요.

유도 만능 줄기세포(iPS cell, induced Pluripotent Stem cell)

2006년부터 과학자들은 성체 조직에서 특화된 세포를 추출하여 '다시 프로그램'한 다음 이를 만능성 줄기세포로 만들어 사용할 수 있게 되었습니다. 여기서 세포를 '다시 프로그램'한다는 의미는 세포 내 **유전자** 정보의 발현 양상을 변화시켜서 줄기세포처럼 분화 능력을 가지도록 조작하는 것을 말해요. 이로써 분화되었던 성체 세포들은 여러 형태의 조직으로 발달할 수 있는 능력을 가진 만능성 줄기세포로 되돌아가게 됩니다. 인간 배아를 사용하는 것이 비윤리적이라고 생각하는 사람들이 열광할 만한 기술이지요. 이런 방식으로 만들어진 세포를 '**유도 만능 줄기세포**(iPS cell)'라고 합니다. 만능 줄기세

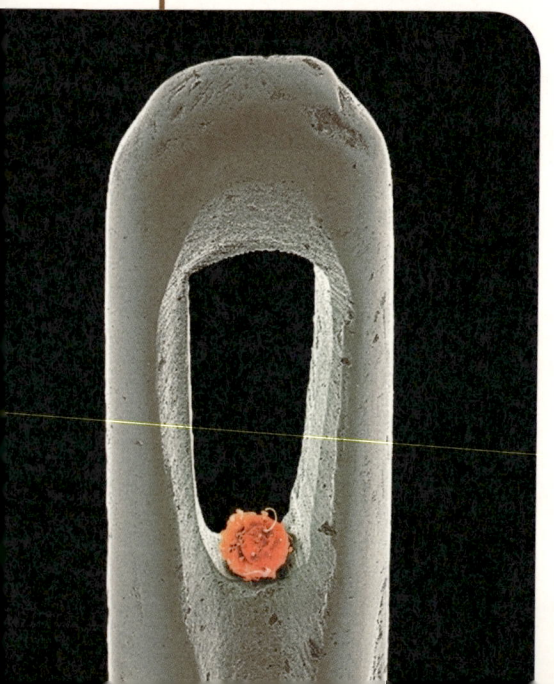

배아 줄기세포가 바늘귀에 놓인 모습을 촬영한 전자현미경 사진이다. iPS 과정에서 만들어진 줄기세포는 줄기세포 연구를 수행하는 과정에서 야기되는 배아 파괴에 관한 윤리적인 부담을 덜어줄 수 있다.

포가 되게끔 유도되었다고 해서 붙은 이름이지요. 정상적인 분화 과정과는 반대로 성체 세포를 줄기세포로 바꾼다고 하여 '역분화 줄기세포'라고도 부른답니다. '분화'라는 말이 좀 어려우면 그냥 세포가 '성장'한다는 뜻으로 이해하도록 하세요. 그러므로 '역분화'란 마치 어른이 아이가 되는 것과 비슷한 과정이라고 생각할 수 있을 거예요. iPS 세포를 얻기 위한 첫 번째 실험은 생쥐에게서 얻은 세포를 이용해 수행되었지만, 얼마 지나지 않아 과학자들은 인간에게서 얻은 조직 샘플에서 iPS 세포를 제작하는 방법을 알아냈습니다.

iPS 세포의 핵심 이점은 원래의 세포 제공자와 유전적으로 완전히 동일하다는 사실에 있습니다. 이는 iPS 세포가 원 세포 제공자의 질병이나 장애를 치료하는 데 훨씬 더 적합하다는 것을 의미해요. 원래 자기 몸의 일부였으니 당연히 면역 **거부 반응**이 일어나지 않을 테니까요. 따라서 iPS 세포는 실험 단계에 있는 약물을 시험하는 데나 인체에 독성이 있는 화합물을 가리는 데 사용될 수 있어요. 또한 과학자들이 다양한 질병을 연구하는 데 필요한 실험 모델이 될 수도 있지요.

하지만 과학 연구에 대개 여러 가지 위험 요소가 뒤따르듯 iPS 세포 연구 역시 위험성이 있습니다. 과학자들은 기증받은 세포를 자극하기 위해 서너 개의 특별한 유전자를 세포 내로 전달해 주어야 합니다. 이 유전자들은 세포가 자라도록 자극하는데, 이렇게 자란 세포가 환자에게 주입될 경우 마치 암처럼 계속해서 자랄 위험이 존재하는 것이지요. 세포를 자극하는 다른 방법을 발견하지 못한다면, iPS 세포를 주입받은 환자가 언젠가 암에 걸릴지도 모를 일이에요.

사례탐구 유도 만능 줄기세포 연구

　보스턴대학 생식의학 센터와 폐질환 센터의 연구진이 인공적으로 유도된 만능 줄기세포(iPS cell)를 100가지 이상 만들었다고 발표했다. 낭포성 섬유증과 폐기종 등 각종 폐 질환을 앓고 있던 환자들로부터 기증받은 조직에서 세포를 추출했다고 한다. 과학자들은 이 세포들을 이용해서 관련 질환에 대한 새로운 치료법을 연구할 예정이다.

　iPS 세포를 만든 과학자들은 줄기세포를 얻는 데 굳이 인간 배아 세포를 쓸 필요가 없다는 사실에 고무되어 있다. 또한 줄기세포를 이처럼 인공적으로 얻는 것이 인간 배아로부터 얻는 것보다 더 쉽다고 믿고 있다.

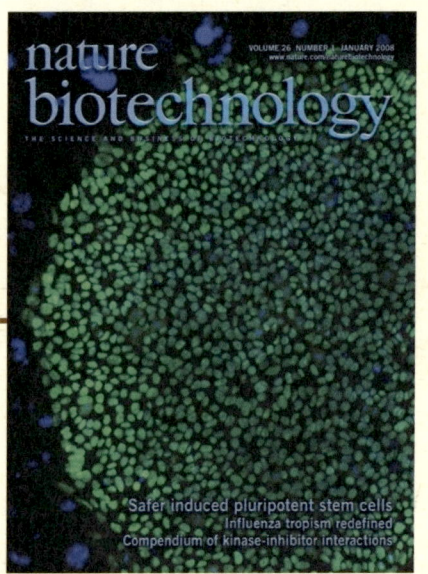

국제적으로 유명한 과학 잡지인 네이처 바이오테크놀로지(Nature Biotechnology)에는 과학자들이 발견한 중요한 연구 결과들이 종종 실린다. 이 사진은 유도 만능 줄기세포에 대한 연구 결과가 실린 2008년 1월 판의 표지다.

- 시험관아기 시술 과정에서 쓰고 남은 배아를 줄기세포를 얻는 데 사용할 수 있다.
- 오로지 줄기세포를 얻기 위해 만들어진 배아에서 줄기세포를 추출할 수도 있다.
- 제대혈(탯줄 혈액)과 태반, 유산된 태아, 성체에서 분화 가능성이 다소 적은 줄기세포를 얻을 수 있다.
- 다양한 과학 기술을 동원하여 성인의 세포를 분화 가능성이 큰 줄기세포로 변환시키는 새로운 방법을 찾고 있다.

3

CHAPTER

줄기세포를 둘러싼 윤리 논쟁

줄기세포를 둘러싼 많은 논란은 배아의 지위에 대한 이해의 차이에서 나옵니다. 그렇다면 배아는 단순히 인간 세포 덩어리일까요? 아니면 더 중요한 의미가 있을까요? 숨 쉬고 생각하는 아기처럼 배아도 독립적인 생명체일까요? 배아의 가치가 사람의 가치와 똑같다고 생각해야 할까요?

생명체에 대한 연구를 하다 보면 의사 결정을 내리는 것이 복잡하고 어려울 때가 많습니다. 특히 과학, 의학 분야에서 줄기세포를 연구하고 다루는 경우 민감하게 고려해야 할 사항들이 있어요. 우선, 줄기세포의 대다수가 배아에서 얻어지므로 인간 배아의 지위를 고려하는 일이 중요합니다. 가령 종교 단체들은 줄기세포 연구를 반대하는 경우가 많습니다. 인간 배아를 파괴하는 것은 '생명'을 죽이는 것과 마찬가지이므로 윤리적으로 받아들일 수 없다고 생각하기 때문이에요.

또한 의사가 실험적인 치료를 시작하는 때에도 문제가 발생합니다. 환자가 첫 번째 실험 대상일 경우, 의사는 환자로 하여금 어느 정도까지 위험을 감수하게 할지 심각히 고려해야 해요. 이외에도 의학 연구에 사용되는 실험동물의 역할이나 권리에 대해서도 고민해야 합니다. 줄기세포 연구를 위해서 매년 수천 마리의 동물들이 죽어 가기 때문이지요.

사고 도구(thinking tools)

오랜 시간에 걸쳐 철학자와 윤리학자들은 우리가 도덕적인 결정을 내릴 수 있도록 도와주는 다양한 '사고 도구'를 개발했습니다. 무엇이 올바른 결정인가 판가름하는 일정한 기준과 원칙을 제시한 것이지요. 그중 한 가지가 바로, 최대한 많은 수의 사람들이 최대의 행복을 느끼는 것을 행위의 목표로 삼는 **공리주의**(Utilitarianism)예요. 만약 인간 배아에 손상을 주는 행위가 결과적으로 수많은 환자를 살리는 치료법을 개발하는 데 기여한다면, 이는 과연 윤리적으로 타당한 일일까요? 공리주의에 입각해서 생각해 보세요. 공리주의는 어떤 행위의 '결과'를 보고서 무엇을 해야 할지 판단하며, 그 과정에서 벌어지는 일들에 대해서는 그다지 중요하게 생각하지 않습니다.

제레미 벤담(1748~1832년)은 영국 출신의 철학자이자 법학자, 정치이론가였다. 벤담은 '공리주의'로 잘 알려져 있으며 동물의 권리에 대해서도 지지하는 입장을 밝힌 바 있다.

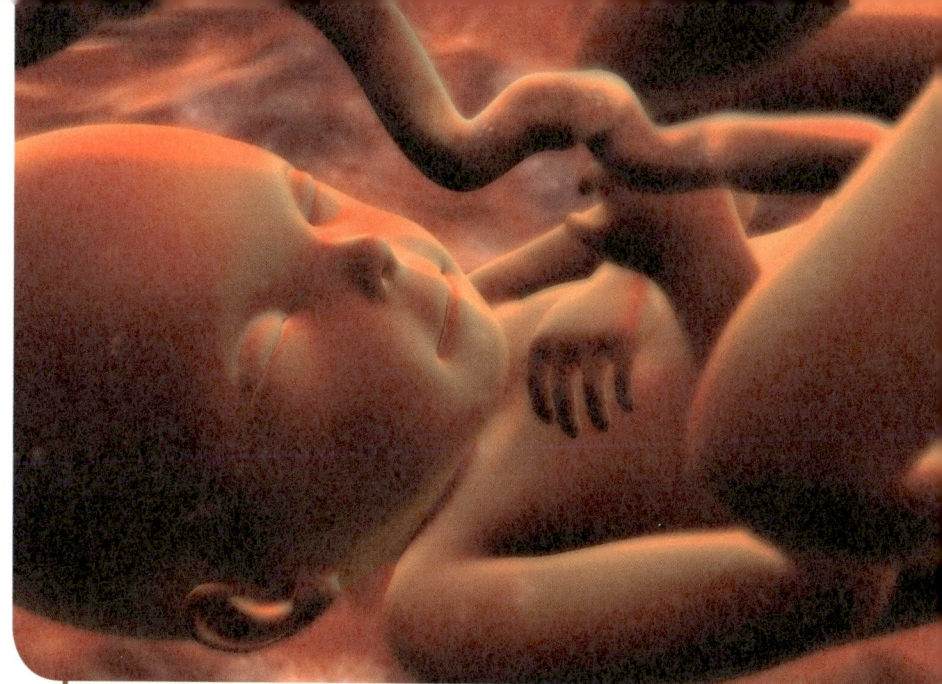

태아가 자라는 모습. 인간 배아의 권리는 줄기세포 연구에 있어서 가장 뜨거운 논쟁거리다. 특히 배아가 성장하는 과정에서 인간의 생명이 시작되는 시점이 과연 언제인가가 관건이다.

규칙과 원칙

다른 방향으로 생각해 볼까요? 어떤 사람들은 우리가 몇 가지 절대적인 지침을 정해야 한다고 말합니다. 절대로 깨서는 안 되는 기본적인 규칙 말이죠.

예를 들어, 누구든지 다른 사람에게 절대로 해를 입혀서는 안 된다는 것을 한 가지 원칙으로 삼는 입장이 있어요. 비록 그 행위로 말미암아 좋은 결과를 얻을 수 있으리라 예상되는 경우에도 말이지요. 대개 이 원칙은, 정자와 난자가 수정하여 배아가 생겨난 순간부터 인간의 생명이 시작된다고 믿는 입장과 결합하기 쉬워요. 이러한 시각에서 본다면, 배아에 손상을 가하는 행위는 다른 사람에게 해를 입히는 행위와 똑같게 되겠지요.

전 세계 의사들이 의료 윤리 문제에 부딪혔을 때 판단의 기준으로 삼는 것 중에 '원칙주의(principlism)'라 불리는 사고의 틀이 있습니다. 여기에는 네 가지 원칙이 담겨 있어요. 첫째는 자율성 존중의 원칙으로, 모든 공여자와 수혜자가 가능한 어떠한 위험과 이익에 대해서도 최대한 자문을 받고 최종 결정에 적극적으로 참여해야 한다는 것이에요. 둘째는 악행 금지의 원칙으로, 의사는 환자의 상태를 악화시키는 데 의술을 사용해선 안 된다는 것입니다. 셋째는 선행의 원칙으로, 의사는 치료와 관련된 모든 사람의 이익을 최대화하려고 노력해야 한다는 것입니다. 마지막으로 정의의 원칙에서는, 자원이 가능한 최선의 방법으로 사람들에게 공유되어야 한다고 강조합니다.

찬성 vs 반대

우리는 인간 배아를 연구하는 데 수많은 노력과 막대한 자금을 쏟아붓고 있다. 그러나 그 혜택은 결국 사회로 돌아올 것이다. 이익을 얻기 위해서는 비용을 들여야 한다. 적절하고 신중한 규제가 뒤따른다면 성공할 수 있다.

– 브라이언 챕맨 파킨슨병 환자

우리는 생명을 직접 살상하면서까지 추구해야 할 그 어떤 가치나 공익도 찾을 수 없다. 배아 줄기세포를 얻기 위해 배아를 파괴하는 행위는 직접 생명을 살상하는 행위와 다름없다. 이것은 절대적인 사실이다. 우리는 모든 생명을 보호해야 한다.

– 존 데이건 스코틀랜드 가톨릭교회 의회 책임자

배아의 지위

줄기세포를 둘러싼 많은 논란은 배아의 지위에 대한 이해의 차이에서 나옵니다. 그렇다면 배아는 단순히 인간 세포 덩어리일까요? 아니면 더 중요한 의미가 있을까요? 숨 쉬고 생각하는 아기처럼 배아도 독립적인 생명체일까요? 배아의 가치가 사람의 가치와 똑같다고 생각해야 할까요? 원칙주의(46쪽 참조)에 따르면, 이러한 문제를 생각할 때 각 개인의 자율성이 과정에 얼마만큼 영향을 주느냐를 고려하라고 하지요. 그렇다면 과학자들은 배아의 자율성을 고려할 필요가 있을까요?

만약 배아가 단순히 세포 덩어리에 불과하다면 별달리 고민할 필요가 없겠지요. 단단한 물건에 피부가 살짝 긁혔을 때, 내 몸에서 떨어져 죽어 가는 세포를 걱정해 본 적이 있나요? 상처에 붙인 반창고에 피가 살짝 묻은 것을 보면서, "어머나, 내 혈액 세포가 밖으로 나와 죽어 가고 있어."라며 슬퍼하는 사람은 없겠지요? 하지만 배아가 이런 세포와는 다르다는 사실은 대다수의 사람들이 동의합니다. 배아 세포는 자궁과 적절한 환경만 주어진다면 완전한 아기로 자라날 수 있으니까요. 그런데 이 사실이 배아도 보호받을 권리가 있으며 그럴 만한 충분한 지위에 있다는 뜻이 될까요?

인간 수정 및 배아 발생에 관한 법률(HFE Act)

1994년 영국 정부는 줄기세포와 관련된 새로운 법률을 제정하였습니다. 바로 '인간 수정 및 배아 발생에 관한 법률(Human Fertilization and Embryology Act)'입니다. 이 법률은 특별한 사고방식에 기반을 둔 지침에서 출발합니다. 요컨대 사체(死體)는 인간으로 간주하지 않는다는 합의를 전제로 하는 지침이지요. 왜냐하면 그 개인은 이미 죽었으니까요. 이 말은 곧, 죽은 사람은 살아 있는 사람의 인격과 존엄성을 가지지 않는다는 의미가 됩니다. 그렇다고 해서 사체를 함부로 대해도 된다는 뜻은 절대 아닙니다.

최근에 이루어진 사회적 합의의 흐름을 보면 인간은 뇌의 기능이 멈췄을 때 사망했다고 인정받습니다. 의사들은 이 상태를 '뇌사'라고 하지요. 인간이 뇌사 상태가 되었을 때, 그의 장기를 꺼내어 다른 사람에게

영국 의회는 인간 배아에 대한 과학적 연구가 사회에 미치는 영향을 고려하여 관련 법률을 제정한 세계 최초의 입법 기관이다.

이식하는 것은 윤리적으로 받아들일 만하다고 생각하는 사람들이 많아요. 뇌사 상태의 사람은 살아 있는 사람과 같은 생명의 존엄성이 없기 때문에, 그 장기를 떼어 내도 비윤리적인 것은 아니라는 생각이지요. 그래서 신장이나 폐, 심장 등의 이식이 실제 이루어지고 있어요.

그런데 뇌가 활동을 멈추면 사람이 죽었다고 보는 관점은 또 다른 논쟁거리를 낳습니다. 이는 곧 뇌가 활동을 시작하기 전에는 살아 있다고 말할 수 없다는 의미이기 때문이에요. 생성된 지 14일이 안 된 배아는 아직 신경세포가 형성되지 않았으므로 뇌도 없습니다. 이 논의의 마지막 단계는, 14일 이하의 배아는 뇌가 없기 때문에 살아 있는 인간으로 볼 수 없다는 것입니다. 이런 입장에서는 배아 세포를 사용하는 것이 윤리적으로 허용됩니다. 마치 뇌사자의 장기를 사용해 장기 이식을 하는 것처럼 말이지요.

이와 같은 일련의 생각이 HFE 법률을 이끄는 사고방식이에요. 즉, 14일 이전의 인간 배아라면 실험에 사용되어도 무방하다는 내용이지요. 실제로 영국의 줄기세포 과학자들은 5~6일 정도의 배아를 연구에 사용하고 있습니다.

알아두기

인간 배아는 17일 정도가 지나야 신경계와 뇌가 비로소 형성되기 시작한다.

1994년에 제정된 영국의 인간 수정 및 배아 발생에 관한 법률(HFE Act)은 과학자들이 배아를 사용하는 방법을 규정하려고 시도한 세계 최초의 법률이다. 이 법은 인간 배아가 상당한 존중을 받아야 하지만, 다음 조건을 모두 충족하는 한에서는 연구용으로 사용될 수 있다고 정한다.

- 다른 대안이 없을 경우
- 중요한 의학적 목적이 있을 경우
- 배아가 생성된 지 14일 이하인 경우
- 연구가 신중하게 검토되고 통제되는 경우

철학자 베로니스 메리 워녹(Baroness Mary Warnock)은 인간 배아의 윤리적 지위에 대한 논의에 핵심적인 역할을 하였다. 1982년부터 1984년까지 워녹은 인간 수정과 배아 발생에 대한 영국 의회의 주요한 조사를 이끌었는데, 이 조사 결과가 영국 HFE 법률의 기초가 되었다.

종교계의 관점

사람들은 윤리적인 판단을 하거나 결정을 내릴 때 자신의 종교나 신념의 영향을 많이 받곤 하지요. 전 세계 대부분의 종교에서는 모든 인간의 생명이 신성하다고 가르칩니다. 인간 배아도 한 인간으로 간주되어야 하는지에 대해서는 종교마다 시각의 차이가 있지만요. 배아의 지위에 관한 생각 차이가 곧 줄기세포 연구에 대한 가부를 결정짓습니다.

기독교의 관점

모든 기독교인은 인간의 생명이 신에게서 받은 선물이라고 여깁니다. 하지만 대부분의 윤리 문제에서와 마찬가지로, 기독교인들도 인간 배아의 지위를 바라보는 관점이 저마다 달라요.

로마 가톨릭교회와 같은 일부 기독교 계파에서는 난자와 정자가 결합하는 순간 배아에게도 완전한 인간의 지위를 부여해야 한다고 주장합니다. 수정과 동시에 완전한 인간의 지위가 부여된다고 믿는 이들은 구약성서의 구절을 근거로 제시합니다. 즉, 신은 인간이 태어나기 전 자궁에 있을 때부터 인간을 보살피고 양육했다는 것이지요. 시편 139:16에 '내 형질이 이루어지기 전에 주의 눈이 보셨으며'라고 나와 있어요. 이외에도 성경에는 '신이 우리를 베 짜듯이 만드셨다'는 구절도 있고, '우리와 영원히 함께할 것'이라는 구절도 있지요. 우리가 자궁에 있을 때부터 신이 우리를 돌본다는 기독교의 믿음은 곧 모든 인간이 동등하게 돌봄을 받아야 한다는 결론으로 이어집니다. 이러한 입장의 기독교 계파에서는 수정 이후부터 출생 사이에 배아가 갑작스러운 변화를 보이는 명확한 시기는 없다고 주장해요. 분명한 변화는 오로지 수정되는 순간 일어난다는 것이지요. 따라서 이들은

로마 가톨릭교회의 전임 교황 베네딕토 16세는 난자가 정자와 만나 수정되는 순간부터 배아는 완전한 인간의 지위를 가진다고 굳게 믿는다.

정자와 난자가 결합하여 수정되는 순간부터 배아를 완전한 인권을 지닌 한 인간으로 대해야 한다고 말합니다.

또 다른 기독교 계파에서는 생명이란 배아가 엄마의 자궁에 착상했을 때부터 시작된다고 합니다. 수정된 지 약 10일이 지나면 배아가 자궁에 착상하는데, 이때 배아의 지위에 질적인 변화가 일어난다고 생각하지요. 이 입장에 따르면, 착상되지 않은 배아를 사용하는 것은 어느 정도 허용 가능해요. 대표적으로 감리교회는 체외 수정(IVF) 과정에서 얻어지는 잔여 배아는 사용해도 된다고 봅니다. 그러나 연구 또는 치료에 사용할 목적으로 따로 배아를 만드는 것에는 반대합니다.

찬성 vs 반대

인간 배아를 파괴하는 연구는 (…) 인간 존중의 정신에 위배된다. 역사는 그러한 과학을 규탄해 왔으며 앞으로도 그럴 것이다. 이는 신의 은총을 저버리는 일일 뿐만 아니라, 인간성을 저버리는 행위이기 때문이다.
– 베네딕토 16세 제265대 교황(2005년 4월~2013년 2월)

나는 인간 배아가 다른 세포보다 특별한 도덕적 지위를 가지고 있지만 이미 태어난 아기만큼은 아니라고 믿는다. 그래서 불임 치료 과정에서 생기는 잔여 배아가 14일 이하인 것이라면 줄기세포 연구에 사용되어도 좋다고 생각한다. 하지만 우리는 항상 다른 대안이 될 만한 세포는 없는지 찾아야 한다. 또한 연구 목적으로 배아를 인공적으로 만드는 것도 옳지 않다.
– 도날드 브루스 기독교 윤리학자이자 과학자

유대교는 인간의 생명에 높은 가치를 부여하고 있지만, 줄기세포 연구로부터 혜택을 얻을 수 있다는 데는 동의한다.

유대교의 관점

유대교에서는 인간의 생명은 신성하므로 보호받고 존중받아야 한다고 단언합니다. 그러나 유대교에서는 보통 임신 8주까지의 배아를 인간으로 보지 않아요. '치료의 의무'를 강조하는 유대교는 의학적 치료를 목적으로 할 때는 배아와 성체 줄기세포 연구를 인정합니다. 따라서 병을 치료하거나 의학적 이해를 증진하는 데 도움이 된다면 불임 치료 과정에서 나오는 배아를 줄기세포 채취용으로 사용해도 된다는 입장이지요.

이슬람교의 관점

이슬람교는 줄기세포에 대해 특별히 공식적인 입장을 가지고 있지 않습니다. 이슬람교에서 중요하게 생각하는 쟁점은 언제 배아에 인간의 정신이 들어가느냐예요. '혼을 불어넣기' 전까지 배아는 완전한 인간이 아니기 때문에, 이슬람법을 가르치는 학교에서는 배아가 줄기세포 연구에 사용될 수 있다고 말하지요. 그러나 이슬람 사회에서도 영혼이 배아에 들어가는 시기에 대해서는 저마다 의견이 달라요. 일부 이슬람교도는 수정 후 40일 정도에 영혼이 들어간다고 하고, 또 다른 이들은 120일 정도 되어야 된다고 말합니다.

대부분의 이슬람교도는 수정 시부터 40일까지의 배아를 줄기세포 연구에 사용하는 것이 윤리적으로 저촉되지 않는다고 생각해요. 그러나 배아는 어떤 단계에 있든 파괴되어서는 안 된다고 주장하는 이슬람교도도 있답니다.

힌두교의 관점

힌두교에서는 신이 모든 살아 있는 생물체에 깃들어 있다고 가르칩니다. 그래서 힌두교도는 형태에 상관없이 모든 생물이 보호받아야 한다고 믿으며, 살아 있는 개체에 대한 폭력 행위를 곧 신에 대한 폭력 행위라고 간주합니다. 현재 힌두교는 줄기세포 연구에 대해 공식적인 입장을 내놓지 않았어요. 그렇지만 인간 배아를 수정되는 순간부터 하나의 생명으로 여기기 때문에, 아마도 줄기세포를 얻기 위해 배아를 사용하는 일에 반대할 것입니다.

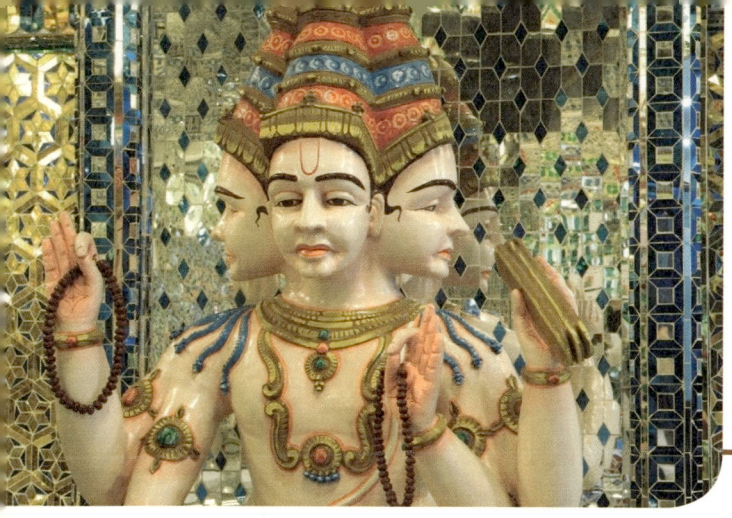

대다수의 힌두교도는 신이 모든 생물체에 깃들어 있으므로 배아 또한 살아 있는 생명체라고 믿는다.

시크교의 관점

힌두교와 이슬람교가 융합된 시크교에서는, 인간은 신이 세상을 창조했다는 믿음에 따라 행동해야 한다고 가르칩니다. 줄기세포에 대해 공식적인 입장을 발표하지 않았지만, 시크교도들은 대개 인간 배아를 줄기세포 연구에 사용하는 것은 윤리적으로 용납할 수 없다고 생각하지요. 하지만 배아 줄기세포로 치명적인 질병을 치료할 수 있는 가능성과 의학 연구 목적으로 인간 배아를 파괴해서는 안 된다는 윤리, 이 두 가지를 저울질하면서 어느 편이 바람직한지 비교하고자 노력하고 있답니다.

불교의 관점

불교는 인간 배아 줄기세포 연구에 대한 공식적인 입장이 없습니다. 불교에서는 어떤 존재가 자신을 둘러싼 환경을 감지하고 고통을 느낄 수 있다면, 그것은 인간이든 동물이든 상관없이 '지각 있는' 존재이고 보호받을 자격이 있다고 생각해요. 이 때문에 일부 불교도는 초기 배아의 경우 아직 신경을 가지고 있지 않아 고통을 느낄 수 없으니 실험에 사용되어도 무방하다고 주장하지요. 그러나 배아를 파괴하는 것은 살생하지 말라는 불교의 가르침에 어긋난다고 주장하는 불교도 있답니다.

불교 신자들은 줄기세포 연구로 인한 장기적인 이익이나 해악을 고려하고자 합니다. 그뿐만 아니라, 사람들이 인간 배아 줄기세포를 사용하려고 하는 동기가 무엇인지도 탐구합니다. 만약 인간을 치료하고자 하는 순수한 열망에서 인간 배아를 사용한다면 그것은 충분히 용납할 수 있으며, 또한 다른 사람을 돕기 위해 지식을 구하라는 불교의 원칙에도 부합한다고 생각하지요.

불교 지도자 달라이 라마는 인간 배아 줄기세포를 연구 목적으로 사용하는 것에 대해 '남을 돕거나 인본주의에 도움이 되는 경우'에 한해 윤리적으로 허용할 수 있다는 입장을 가지고 있다.

- HFE 법률은 과학적 목적으로 배아를 사용하는 행위를 규제하려는 첫 번째 시도였다.
- 의료 윤리 문제를 판단하기 위한 사고 도구로 4가지의 기본 원칙을 포함하는 '원칙주의(principlism)'가 있다.
- 공리주의자는 어떤 일을 한 결과 비록 일부 피해가 발생할지언정, 최종적으로 사람들에게 더 큰 이득을 준다면 그 행위는 윤리적이라고 믿는다.
- 기독교에서는 인간 배아가 인간의 지위를 가지고 있으며 존엄하게 대해져야 한다고 말한다. 그러나 기독교 안에서도 특별한 목적의 줄기세포 연구에 인간 배아를 사용할 수 있다는 측과, 어떠한 경우에도 인간 배아를 사용해선 안 된다는 측으로 의견이 갈린다.
- 유대교에서는 모든 생명이 신으로부터 받은 선물이므로 존중되어야 한다고 가르친다. 그러나 임신 8주까지의 배아는 인간으로 보지 않으므로, 의학적 치료 목적의 배아 사용을 인정한다.
- 일부 이슬람교도는 초기 배아를 줄기세포 연구에 사용해도 된다고 생각한다.
- 힌두교와 불교는 연구 목적의 배아 사용에 대해 공식적인 입장을 밝히지 않았다.

4
CHAPTER

줄기세포로
무엇을 할 수 있을까요?

지금까지 줄기세포는 백혈병 환자를 치료하기 위한 골수 이식에 가장 많이 사용되었습니다. 최근에는 성체 줄기세포로 심근 세포를 대량 분화시키는 데 성공함으로써 심장 질환 치료의 돌파구를 찾고 있습니다. 이외에도 질병을 연구하고 치료법을 찾는 데 줄기세포가 다양하게 쓰이고 있습니다.

지금까지 줄기세포는 **골수** 이식에 가장 많이 사용되었습니다. 골수는 생명에 아주 중요한 역할을 합니다. 우리의 팔다리에 있는 기다란 **뼈**나 골반에 있는 큰 **뼈** 속에는 골수가 들어 있는데, 이 골수가 혈액 세포를 만들어요. 우리 몸에서는 매일 수백만 개의 혈액 세포가 죽어서 분해되지만 골수가 혈액 세포를 계속 만들어 내기 때문에 균형이 유지된답니다. 이는 골수가 성체 줄기세포를 보유하기 때문에 가능한 일이에요. 성체 줄기세포는 매일 성장하고 분열하는데, 이때 만들어지는 세포들이 여러 가지 형태의 혈액 세포로 자라는 것이지요.

백혈병 치료

때로 우리 몸의 일부 세포들이 비정상적으로 행동하는 경우가 있는데, 그러면 우리는 병에 걸리게 됩니다. 가령 백혈병은 혈액 세포 중 백혈구에 암이 발생한 것입니다. 비정상적인 백혈구가 과도하게 많이 만들어져서 나머지 정상 혈액 세포들이 제 기능을 못하게 되는 것이지요.

1950년대부터 1970년대 사이에 미국 프레드 허친슨 암연구소 소속의 한 연구팀은 동물에서 골수 줄기세포를 추출하여 여과한 다음 다른 동물의 혈류에 주입하는 실험에 성공하였습니다. 이로써 골수 이식 치료의 가능성이 열렸지요. 이 연구팀은 환자를 대상으로도 임상을 계속 시도했고 마침내 혈연관계가 없는 사람끼리의 골수 이식 수술도 성공시켰지요. 이 연구 프로젝트의 책임자인 도널 토머스(Donnall Thomas)는 백혈병 치료의 중요한 돌파구를 찾은 공로로 1990년에 노벨 생리·의학상을 받았어요.

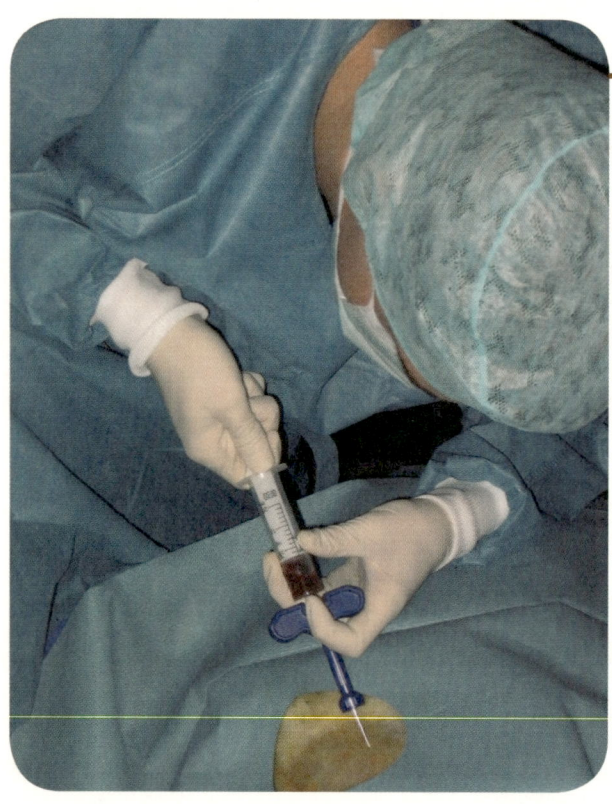

골수를 채취할 때에는 매우 주의를 기울여야 한다. 여기서 얻은 줄기 세포는 다른 사람의 생명을 살릴 수도 있다. 사진에서처럼 골수는 보통 엉덩이 뼈에서 채취하는 경우가 많다. 아주 굵은 주사 바늘을 뼛속까지 찌른 다음 골수 세포를 흡입한다. 이때 조심스럽게 다루지 않으면 골수 세포가 깨지기도 한다.

이 연구에는 인간 배아 줄기세포가 사용되지 않지만, 살펴야 할 또 다른 문제들이 있습니다. 실험동물을 사용하는 것이 윤리적으로 용납되는지를 고민해야 하고, 치료받은 환자를 오래도록 관찰하면서 치료법이 장기적으로도 안전한지를 검증해야 합니다.

그렇다면 어떻게 골수 이식으로 백혈병을 치료하는지 간단하게 과정을 살펴볼까요? 우선 의사가 환자에게 약물을 투입하여 손상된 골수를 완전히 죽입니다. 그다음 다른 공여자에게서 얻은 건강한 골수 줄기세포를 환자에게 주사하지요. 사람의 세포 형태는 여러 가지가 있으므로 이때 반드시 환자의 세포와 맞는 공여 세포를 선택해야 한답니다. 만약 주입받는 세포와 환자의 세포가 맞지 않으면, 환자의 몸은 새로 들어온 세포를 마치 바이러스나 세균 같은 이물질로 인식하여 공격해 버리거든요. 세포 형태가 서로 잘 맞으면, 새로 주입된 세포가 환자의 몸 안을 흐르다가 골수에 정착하여 새로운 줄기세포 덩어리를 이루게 됩니다. 이렇게 새로 형성된 줄기세포가 건강한 혈액 세포를 만들어 내면 환자의 병이 치료되는 겁니다.

알아두기

적혈구는 120일 정도밖에 살지 못한다. 따라서 적혈구의 수를 유지하기 위해 우리 몸은 초당 300만 개가량의 적혈구를 만들어 낸다. 건강한 몸은 매일 2,600억 개의 적혈구를 만들 수 있다고 한다.

선구적인 연구

1959년 프랑스의 암 전문가인 조르주 마테(Georges Mathé) 박사는 최초로 인간에게 골수를 이식했다. 유고슬라비아 출신의 핵 관련 종사자 네 명에게 줄기세포를 주입한 것이다. 이 사람들은 작업장의 방사선 때문에 골수가 손상을 입어서 정상적으로 혈액 세포를 만들어 내지 못하는 상태였다. 몇 년 후 마테 박사는 백혈병 때문에 골수가 손상을 받아 제 기능을 하지 못하는 환자들을 치료하는 골수 이식 방법도 개발했다. 두 연구는 모두 성공하여 환자들은 무사히 완쾌되었다고 한다.

조르주 마테 박사는 2010년에 사망했지만 그의 연구로 수많은 사람이 생명을 건졌다.

골수 이식에 적합한 상대 찾기

골수 이식과 같은 이식 수술은 효과가 매우 좋지만, 환자에게 주입되는 줄기세포의 '조직형'이 환자의 것과 매우 비슷해야 한다는 전제 조건이 있습니다. 이를 조직적합성(histocompatibility)이라고 해요. 우리 몸의 세포는 갖가지 표지자로 뒤덮여 있습니다. 사람들이 신분을 나타내기 위해 착용하는 배지 같은 것이지요. 이렇게 세포 표면에 붙어 있는 단백질로 된 표지자는 사람마다 다릅니다. 백혈구는 몸 안을 돌아다니면서 세포들이 이 표지자를 가지고 있는지 일일이 확인합니다. 만약 낯선 표지자를 가지고 있는 세포를 발견하면, 즉 서로 다른 조직형을 가진 세포를 발견하면, 백혈구는 이 세포를 침입자로 간주하여 파괴해 버리지요. 이런 식으로 백혈구는 우리 몸에 침입한 세균을 제거하지만, 우리 몸을 치료하기 위해 주입된 줄기세포 역시 파괴할 수 있답니다. 우리 몸과 다른 것은 모두 적으로 간주해 묻지도 따지지도 않고 파괴하는 셈이지요. 그래서 조직형이 비슷한 사람끼리 줄기세포를 주고받아야만 면역 거부 반응이 없어 안전합니다.

영화 〈마이 시스터즈 키퍼(My Sister's Keeper)〉의 한 장면. 동명 소설을 영화로 만들었으며 2009년 국내에서도 개봉되었다. 안나(오른쪽)는 언니인 케이트(왼쪽)의 생명을 구하기 위해 '맞춤아기'로 태어난 아이다. 작품에서는 언니를 살리기 위해 많은 의료 시술을 받아야 했던 안나의 인권에 대해 윤리적인 의문을 제기하고 있다.

그런데 어떤 이들은 희귀한 조직형을 가지고 있어요. 이런 경우, 의사는 이 환자들에게 맞는 적절한 골수 제공자를 찾기가 아주 힘들지요. 그래서 환자와 가까운 친척 관계에 있는 사람, 특히 형제나 자매 중에서 공여자를 찾습니다. 혈연관계일수록 조직형이 맞을 가능성이 높거든요. 하지만 어떤 사람의 골수가 누군가의 생명을 살릴 수 있다고 해서, 그 사람에게 골수를 기증하라고 강요할 수 있을까요? 골수를 기증하는 과정은 고통스럽고, 어느 정도 위험이 수반된 시술입니다. 공여자가 환자의 부모라면 자식을 살리기 위해 기꺼이 골수를 기증하겠지만, 만약 한 번도 만난 적 없는 환자를 위해 자신의 골수를 기증해야 한다면 누구나 망설이지 않을 수 없겠지요.

그래서 아픈 아이를 둔 부모 중 일부는 좀 특별한 목적으로 아이를 더 가지는 경우가 있습니다. 형제자매끼리는 대개 조직형이 잘 맞으므로 새로 태어난 아이가 먼저 태어난 아픈 아이를 살릴 수 있기 때문이죠. 예를 들어, 새로 태어난 아기에게서 얻은 제대혈로 줄기세포를 채취해, 아픈 아이를 치료하는 데 쓰는 것입니다.

한 생명을 구하기 위해 창조되다

미래에는 환자의 부모로부터 받은 정자와 난자를 사용해서 배아를 만들어 내는 일이 많아질지 모릅니다. 이식하기에 적합한 조직형을 가진 배아를 찾으면, 그 배아를 키워서 줄기세포를 추출하여 환자를 치료하는 데 사용하기 위해서지요. 하지만 여기에도 여러 가지 문제와 위험이 도사리고 있습니다. 먼저, 비슷한 조직형을 가진 배아를 찾기 위해 검사

리사와 잭의 첫째 아이 몰리는 판코니(Fanconi) 빈혈을 가지고 태어났다. 골수가 제 기능을 하지 못하는 유전병의 일종으로 줄기세포를 이식해야만 살 수 있다. 하지만 몰리에게 맞는 줄기세포를 가진 공여자를 찾을 수 없었다. 결국 의료진은 리사와 잭이 난자와 정자를 사용해서 많은 배아를 만들고, 배아들을 일일이 검사해서 몰리의 세포와 잘 맞으면서도 유전 질환이 없는 것을 찾아냈다. 그다음 이 배아를 리사의 자궁에 착상시켰다.

9개월 후인 2000년 8월, 시카고 병원에서 아담이라는 사내아이가 태어났다. 동시에 아담의 탯줄에서 줄기세포가 채취되었는데, 이 줄기세포가 누나인 몰리의 생명을 살렸다. 리사는 "우리는 둘째 아이가 몰리처럼 아프지 않고 건강하기를 바랐어요. 물론 몰리도 살리고 싶었지요. 우리는 우리 가족 모두를 위해 결정을 내린 거예요."라고 말했다.

하는 데 수개월이 걸립니다. 그러고 나서 아기가 태어날 때까지 9개월을 더 기다려야 하지요. 그런데 환자가 그때까지 살지 못한다면요? 게다가 많은 사람들은 아직도 배아를 '주문'해서 생산하는 일을 윤리적으로 받아들일 수 없다고 생각합니다. 그뿐만 아니라, 과학자들은 적합한 조직형을 찾기 위해 하나 이상의 배아를 만들어야 할지도 모릅니다. 그렇게 되면 부모는 나머지 부적합한 배아들을 어떻게 할지 결정해야 하지요. 이것들을 연구 목적으로 사용하게 해야 할까요? 아니면 원하는 조직형을 가지고 있지 않은 아이를 임신해야 할까요? 그도 아니면 그냥 폐기해야 할까요?

다른 기관의 경우

우리 신체 중 혈액이나 간은 골수처럼 스스로 복원하는 재생 능력이 탁월합니다. 그러나 재생 능력이 떨어지는 신체 기관도 많아요. 특히 심장, 뇌, 신경계 등은 손상될 경우 재생이 매우 어려워요.

가령 심장마비가 오면 심장 근육에 공급되는 혈액이 부분적으로 또는 전체적으로 차단됩니다. 이렇게 된 심장 근육 부위에는 산소가 고갈되고, 찌꺼기 물질이 제거되지 못해서 쌓이게 되지요. 결국 그 부위의 세포는 정상적으로 일을 할 수 없게 되거나 죽게 되어 기능을 영구적으로 상실하고 말아요. 뇌에서도 질병이나 부상 때문에 신경 조직이 손상되는 일이 일어나곤 합니다. 이는 심장이나 뇌 같은 기관에는 줄기세포가 거의 없어서 손상된 세포를 건강한 세포로 대체할 수 없기 때문이에요.

초기 치료의 위험성

과학자들은 체세포 줄기세포를 조작해 그것이 심장 근육 세포를 생산하도록 만드는 데 성공했습니다. 그런 뒤, 손상된 심장에 이 세포들을 주입함으로써 심장 기능의 일부를 회복시키는 방법을 찾았지요. 하지만 아직 위험한 부분이 있습니다. 한번 주입한 세포는 다시 제거할 수 없기 때문이에요. 아무리 과학자들이 이런 줄기세포를 실험동물에 주입하여 몇 개월 동안 경과를 관찰했다 하더라도, 실제 사람에게서는 무슨 일이 일어날지, 또한 당장은 괜찮아도 몇 년 후에는 어떻게 될지 아무도 알 수가 없습니다. 주입된 줄기세포가 인체에 손상을 줄 수도 있고, 심지어는 암을 발생시킬지도 모릅니다. 그래서 새로운 치료의 초기 대상 환자들은 상당한 위험 부담을 질 수밖에 없답니다.

어떤 사람들은 이미 질병으로 고통받는 환자들이 더 많은 위험에 노

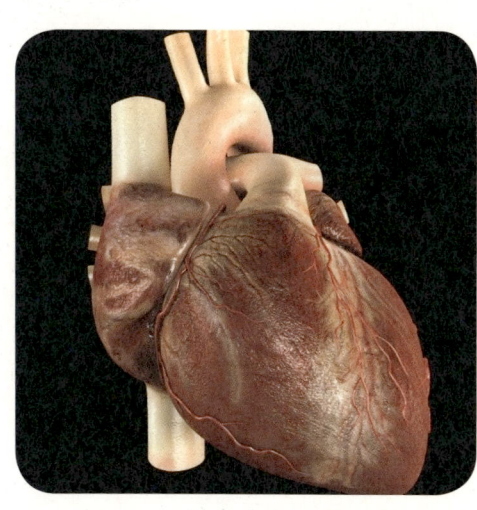

네덜란드 과학자들은 배아 줄기세포를 사용하지 않고도, 성인의 심장 조직에서 추출한 성체 줄기세포로 심근 세포를 대량 분화시키는 데 성공했다. 이로써 줄기세포 연구에서 인간 배아를 사용하는 문제의 윤리적 논란을 잠재울 수 있었다.

출되어서는 안 된다고 생각합니다. 반면 새로운 치료법이 없으면 죽을 수밖에 없는 환자들에게는 생명을 연장할 수 있는 방법이라면 위험 감수의 여부를 환자 본인이 선택할 수 있게 해야 한다고 주장하는 입장도 있어요.

알아두기

통계청이 발표한 2011년 한국인 사망 원인 3위로 심장 질환이 꼽혔다.

클라우디아(71쪽 사례탐구 참조)를 치료하기 위해 기도를 새로 만드는 데 성공함으로써 의학과 줄기세포 연구에 놀라운 기술적 도약이 일어났다.

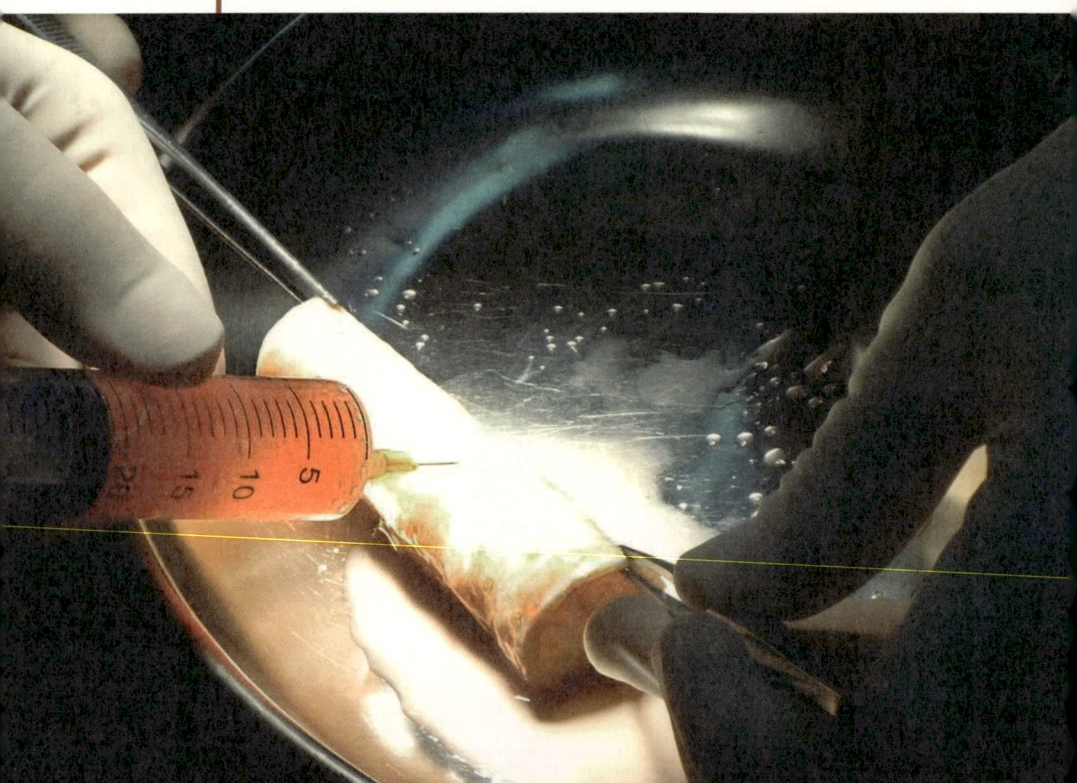

기도 조각을 새로 만들기

2008년, 콜롬비아 출신의 두 아이 엄마 클라우디아 카스틸로는 결핵을 앓고 있었는데, 이 때문에 기도(후두에서 폐까지 공기를 전달해 주는 파이프처럼 생긴 통로)가 심하게 손상되었다. 보통 사용되는 치료법은 손상된 기도와 여기에 연결된 폐의 일부까지 들어내는 것이었다. 이는 매우 크고 위험한 수술이다.

브리스틀(영국), 바르셀로나(스페인) 그리고 밀라노와 파도바(이탈리아)에서 일하는 과학자와 의사로 구성된 연구팀은 이 위험한 수술 대신 다른 방법을 사용하기로 했다. 우선 뇌졸중으로 사망한 51세 남성의 몸에서 15cm 정도의 기도를 채취했다. 그리고 6주 동안 기도의 결체조직관을 제외한 나머지 모든 세포를 제거하였다. 동시에 30세인 환자 클라우디아의 골수를 채취하여 줄기세포를 분리하고선 실험실에서 조심스럽게 배양했다. 사체(死體)로부터 얻은 기도에서 세포가 완전히 제거되자 여기에 환자의 줄기세포를 덮어씌웠다. 이 줄기세포가 자라 기도가 다시 생성되자 의료진은 새로 만들어진 기도를 환자에게 이식했다.

많은 사람들이 배아를 사용한 줄기세포 치료가 윤리적으로 용납될 수 있는지 걱정하지만, 이 치료법의 경우 환자 자신의 골수 세포를 사용했기 때문에 윤리적으로 문제가 될 소지가 없었다.

동물 실험

질병을 치료한다는 것은 쉬운 일이 아닙니다. 질병이 발생하면 과학자들은 환자에게 어떤 문제가 일어나는지 알아야 하고, 그 문제를 억제

할 방법을 찾아야 합니다. 예를 들어 암과 같은 질병의 경우, 과학자들은 세포가 계속 자라고 분열하는 원인이 무엇인지 밝혀낼 필요가 있어요. 그리고 세포 증식을 예방할 수 있는 방법도 찾아야 하죠. 줄기세포는 이러한 암 연구에서 중요한 역할을 하고 있습니다. 그런데 연구 과정에서 동물 실험이 많이 이루어지고 있어요. 여기서 연구 목적으로 동물을 사용하거나 다루는 일에 대해 윤리적인 논란이 일어납니다.

　최근 수년 동안 과학자들은 '누드마우스'로 알려진 변종 생쥐를 대량으로 사육했습니다. 누드마우스에서 가장 눈에 띄는 특징은 털이 없는 분홍색 피부를 갖고 있다는 점이에요. 이 쥐는 면역 기관인 흉선이 없어 외부에서 주입된 세포에 거부 반응을 일으키지 않습니다. 그래서 이 쥐

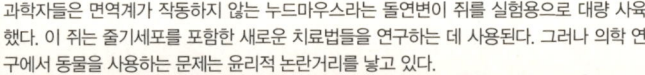
과학자들은 면역계가 작동하지 않는 누드마우스라는 돌연변이 쥐를 실험용으로 대량 사육했다. 이 쥐는 줄기세포를 포함한 새로운 치료법들을 연구하는 데 사용된다. 그러나 의학 연구에서 동물을 사용하는 문제는 윤리적 논란거리를 낳고 있다.

2009년 4월, 미국 로스앤젤레스 캘리포니아 대학에서 동물 권리 옹호론자들이 동물을 사용하는 연구에 반대하는 시위를 벌이고 있다.

에게 특정 줄기세포를 주입할 수가 있어요. 면역 거부 반응이 없으니 조직형이 맞지 않는 줄기세포도 자기 몸의 일부로 받아들일 수 있으니까요. 이렇게 하면 특정 암세포를 이 쥐의 몸에서 자라게 할 수 있습니다. 즉, 쥐는 암에 걸리는 것이지요. 암이 점점 자라면서 과학자는 암의 경과 등에 대해 연구합니다. 또한 과학자는 쥐에게 여러 가지 약물을 투여하면서 어떤 항암 치료가 효과가 있는지 연구할 수도 있어요. 이러한 동물 실험을 통해 우리는 암이라는 질병에 대한 이해를 높여 왔지만, 그 과정에서 수많은 쥐를 희생시켜야 했습니다.

찬성 vs 반대

나는 생체 해부를 진심으로 혐오한다. 모든 과학적 발견은 무고한 피로 얼룩졌고, 나는 그것이 중요한 의미도 없다고 생각한다.

– 마하트마 간디

'유전적으로 변형된 쥐'는 포유동물학 분야에 혁명을 일으켰다. 오늘날 포유동물을 연구하는 학자들 중 어떤 방식으로든 이러한 실험동물을 이용하지 않는 경우는 없다고 해도 과언이 아니다.

– 라주 쿠첼랍티 하버드 대학 유전학자, 1988년

알아두기

영국 내무부에 따르면, 2009년 한 해 의학 실험에 사용된 쥐가 414,287마리라고 한다.

줄기세포만으로 실험하기

최근 과학자들은 실험동물을 사용하지 않고도 줄기세포만으로 실험할 수 있게 되었습니다. 실제로, 과학자들은 척수성 근위축(spinal muscular atrophy) 환자들을 치료하는 방법을 연구하는 데 줄기세포를 이용했습니다. 이 환자들은 세포 내 유전 정보에 오류가 있기 때문에 근육

으로 신호를 보내는 신경이 제 역할을 수행하지 못해요. 그 결과, 점점 근육의 힘이 약해지면서 환자의 몸에 마비가 오게 되지요. 과학자들은 환자들로부터 피부 세포를 모은 다음, 세포에 바이러스를 주입했어요. 이 바이러스가 피부 세포를 줄기세포로 변환시키는데, 이 줄기세포 안에는 원래의 유전 질환에 대한 정보가 들어 있습니다. 다른 유전적 질환을 지닌 세포도 이런 방식으로 키울 수 있겠지요. 이제 이 세포들에 수천 가지 다양한 약물을 주입해 보면 어떤 세포가 건강한 상태로 유지되는지 알 수 있어요. 이런 식으로 과학자들은 척수성 근위축 질환의 새로운 치료법을 찾아낼 수 있습니다.

안전성 문제와 자율적인 선택

2010년 11월, 스코틀랜드 의사들이 뇌졸중으로 고통받는 환자들의 뇌에 줄기세포를 주입하는 임상 시험을 최초로 수행하였습니다. 뇌졸중은 혈전(피떡)이 몸 어디에선가 만들어져, 온몸의 혈관을 타고 돌아다니다가 뇌로 들어가서 여러 가지 문제를 일으키는 병이에요. 이 혈전이 뇌에 있는 혈관을 막으면 뇌의 일부분에 혈액 공급이 중단됩니다. 그 결과, 혈액이 가지 않는 부위의 신경세포는 더 이상 작동하지 않게 되지요.

이러한 뇌졸중을 치료하기 위해서 의사들은 인간 배아 줄기세포를 뇌의 손상된 부위에 주입했습니다. 그런데 이 첫 번째 시도의 목적은 환자를 치료하는 것이 아니라 줄기세포가 사람 몸에 들어갔을 때 어떤 부작용을 일으키진 않는지 알아보는 것이었어요. 그래서 겨우 200만 개의 세포밖에 주사하지 않았지요. 200만 개라는 숫자가 많아 보이겠지만,

치료 목적인 경우 적어도 1억 개 이상의 세포를 주사해야 한답니다. 그다음, 이 환자에게 어떤 일이 일어나는지 약 2년 동안 주의 깊게 지켜봅니다. 만약 문제가 생기지 않는다면, 다른 뇌졸중 환자들에게도 임상 시험을 확대할 계획입니다.

이렇듯 첫 번째 환자가 된다는 것은 항상 위험을 동반합니다. 비록 실험동물을 대상으로 새로운 치료법을 적용해 보긴 하지만, 실제 환자에게 시도되었을 때 무슨 일이 일어날지는 아무도 모르니까요. 환자는 치료 후에도 오래 살고 싶어 하지만, 동물을 대상으로 장기 효과와 안전성을 실험할 방법은 없습니다. 왜냐하면 동물 실험 결과와 실제 인간에게 적용했을 때의 결과는 다르기 때문이에요. 그래서 어떤 사람들은 환자들이 이

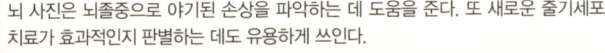

뇌 사진은 뇌졸중으로 야기된 손상을 파악하는 데 도움을 준다. 또 새로운 줄기세포 치료가 효과적인지 판별하는 데도 유용하게 쓰인다.

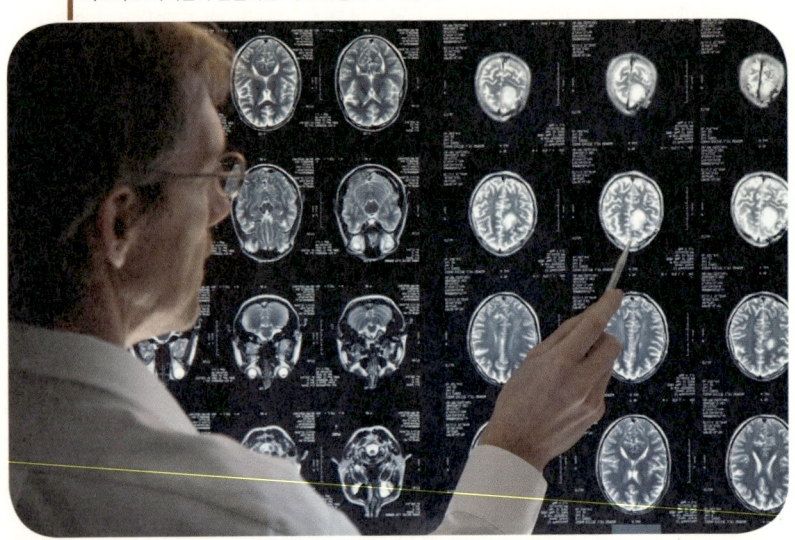

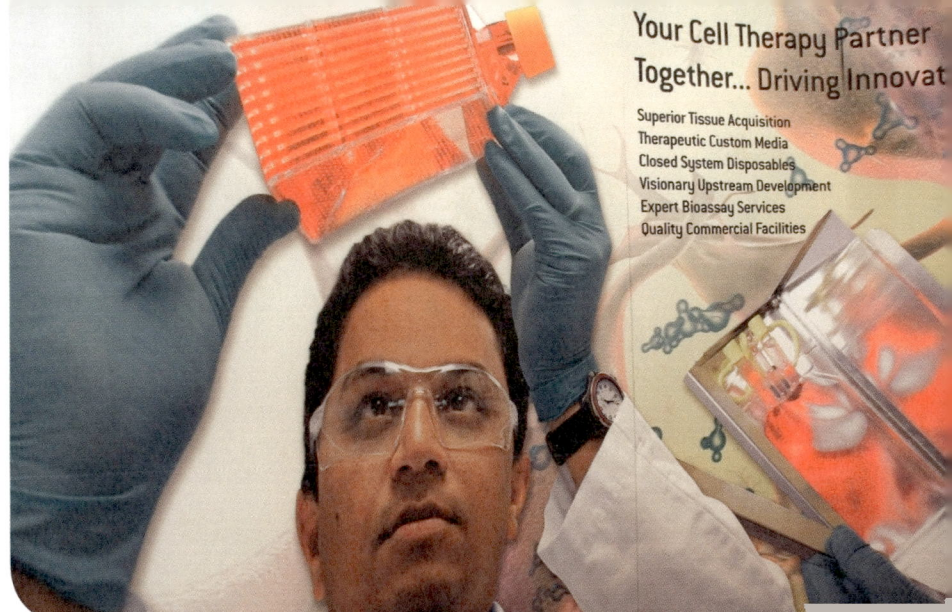

Your Cell Therapy Partner
Together... Driving Innovat

Superior Tissue Acquisition
Therapeutic Custom Media
Closed System Disposables
Visionary Upstream Development
Expert Bioassay Services
Quality Commercial Facilities

2010년 세계 줄기세포 정상회의에서 열린 한 전시회의 모습. 세계 각지에서 1,200명이 넘는 과학자가 이 회의에 참석했으며, 배아 줄기세포 연구의 발전 방향을 집중적으로 논의했다.

임상 시험에 참여하도록 강요받아서는 안 된다고 주장합니다. 환자가 자율적으로 판단해야 한다는 말이지요. 또 어떤 이들은 이 실험에 사용된 줄기세포가 인공 유산된 태아에서 유래한 것이기 때문에 윤리적으로 용납할 수 없다고 주장합니다. 유산은 합법적으로 수행되었을지 모르지만, 태아에게는 어떠한 선택권도 없었다는 점이 문제라는 말이지요.

찬성 vs 반대

나는 낙태에 반대한다. 인간의 생명은 수정되면서부터 시작된다고 믿는다. 그러나 배아 줄기세포 연구는 촉진되어야 하며 지원받아야 한다고 생각한다.

– 빌 프리스트 외과 의사이자 전 미국 공화당 상원 원내 대표, 2005년 7월

배아 줄기세포 연구는 마치 살아 있는 인간의 손발을 자르는 것과도 같다.

– 톰 딜레이 전 미국 공화당 하원 원내 대표, 2005년 5월

간추려 보기

- 약 50년 전부터 의사들은 백혈병 환자를 치료하기 위해 줄기세포를 골수로 이식하였다.
- 성인으로부터 채취한 줄기세포는 배아에서 채취한 것에 비해 윤리적인 문제에서 자유롭다.
- 배아나 인공 유산된 태아에서 채취한 줄기세포를 이용하는 치료는 비윤리적이라고 생각하는 사람들이 있다.
- 완벽한 적합성을 지니는 줄기세포를 얻기 위해 새로운 배아를 만들거나 맞춤아기를 가질 수도 있다. 그러나 이는 새로 가지는 아기를 인간이 아닌 하나의 물건으로서 취급하는 것이라며 우려하는 사람들도 많다.
- 새로운 줄기세포 치료를 받는 초기 환자들의 경우, 그 세포가 부작용을 일으킬 위험을 감수해야 한다. 환자가 임상 시험에 참여할지 여부를 결정할 때는 환자의 자율적인 판단이 존중되어야 한다.

각국의 줄기세포 관련 정책

5

CHAPTER

과학과 의학이란 학문은 실험실 연구에서 시작해 결국 세상의 수많은 사람들에게 영향을 미칩니다. 이런 이유 때문에 세계의 각 정부에서는 어떤 연구를 허용하고 어떤 연구를 허용하지 않을지 결정하는 법규를 정하곤 합니다. 최근에는 줄기세포의 연구 범위를 제한하는 법률을 제정하는 국가도 늘어나고 있습니다.

과학

과학과 의학이란 학문은 실험실 연구에서 시작된다고 볼 수 있습니다. 하지만 이내 실험실을 벗어나 세상의 수많은 사람들에게 영향을 미치지요. 이런 이유 때문에 세계의 각 정부에서는 어떤 연구를 허용하고 어떤 연구를 허용하지 않을지 결정하는 법규를 정하곤 합니다. 실제로 많은 국가에서는 동물을 연구에 사용할 때 어떻게 다루어야 하는지 법률로 정해놓고 있어요. 그리고 최근에는 줄기세포의 연구 범위를 제한하는 법률을 제정하는 국가도 늘어나고 있습니다.

미국의 줄기세포 정책

과학자들이 태아와 배아에서 얻은 줄기세포를 여러 가지 용도로 사용하기 시작하자, 여론은 즉각 나누어졌습니다. 1974년 미국 의회 의원들은 이 문제를 완전히 평가하기 전까지는 태아와 배아로부터 얻은 줄기세포를 연구하는 데 어떠한 정부 자금도 투입하지 않기로 했어요. 이후 수십 년 동안, 대통령들은 이 금지를 풀었다가 다시 금지하는 등 수차례 결정을 바꾸었어요. 매번 논의의 기준은 배아가 아기나 아이, 성인과 같은 수준의 인간으로서의 권리를 가지느냐에 있었지요.

한편, 미국에서는 자기 소유의 돈을 어디에 쓰는지에 대해서는 다른 사람이 관여하지 말아야 한다는 인식이 강해서, 사기업들은 별다른 제한 없이 줄기세포 연구에 자금을 투자했어요. 그러다 보니 몇몇 사기업이 투자금을 이용해 배아 줄기세포를 만들어 왔지요. 이 줄기세포들은 잘만 관리된다면 무한정 증식할 것입니다. 많은 과학자들은 이 세포를 어디에서 어떻게 만들었는지 확인하지 않았다고 해서 사용하지 않는 것은 잘못된 처사라고 주장합니다. 그 배아는 줄기세포 연구용으로 사용되지 않아도 어차피 폐기될 텐데 그렇게 되면 아무것도 얻는 게 없으니까요. 배아가 파괴된다면 줄기세포는 버려진 것이나 마찬가지죠. 하지만 반대론자들은 이 세포를 사용하는 것이 여전히 비윤리적이라고 여깁니다. 더군다나 줄기세포 연구가 이익을 추구하는 사업과 연관되어 있다면 더욱 윤리

미국 워싱턴 D.C.에 있는 하트 상원 오피스 빌딩 밖에서 시위자들이 줄기세포 연구에 반대하는 캠페인을 벌이고 있다.

오바마 대통령이 2001년부터 부시 대통령이 고수했던 줄기세포 연구 제한을 뒤집는 행정명령에 서명하고 있다.

적인 문제가 부각되겠지요. 민간 기업은 윤리적인 문제를 무시하고 오로지 이윤만을 추구하리라는 우려도 마냥 근거 없지만은 않아요.

따라서 미국에서는 정부 자금을 줄기세포 연구에 사용하는 것이 옳은가 여부가 끊임없는 논란이 되어 왔어요. 2001년 8월, 조지 W. 부시 대통령은 대국민 연설을 통해 그 날짜 전에 확보된 줄기세포에 대한 연구는 지원하지만 그 날짜 후에 얻은 줄기세포 연구는 지원하지 않겠다고 밝혔습니다. 그러나 오바마 대통령이 임기를 시작한 2009년, 이 결정을 뒤집는 행정명령이 내려졌습니다. 이제 인간 배아를 사용하는 수많은 연구에 공공 자금이 투입될 수 있게 된 것이지요.

찬성 vs 반대

줄기세포 연구 문제에 있어서. 지난 몇 년 동안 우리 정부는 새로운 발견을 이루기 위해 노력하기보다는 정통 과학과 도덕적 가치 둘 중의 하나를 선택하라는 편협한 생각을 강요해 왔다.

— 버락 오바마 미국 대통령, 2009년 3월

우리는 인간 배아를 파괴하는 줄기세포 연구를 보고 싶지 않다. 배아는 태어나지 않은 생명으로, 보호받아야 하며 파괴되어서는 안 된다. 배아를 파괴하지 않고 줄기세포를 추출하는 방법이 있다면 줄기세포 연구를 반대하지 않겠다.

— 론 스토다트 'Nightlight Christian Adoptions(입양을 지원하는 비영리단체)' 대표, 2010년

유럽 국가들의 줄기세포 정책

유럽에서는 줄기세포를 어떻게 사용해야 하는지에 대해 다양한 시각이 존재합니다. 이렇게 나라마다 줄기세포 정책이 다른 이유는 인간 배아의 윤리적 지위를 서로 다르게 보기 때문이지요.

영국의 인간 수정 및 배아 발생에 관한 법률(47~49쪽 참조)은 인간 배아 연구의 윤리적인 경계를 설정하기 위한 최초의 법적 시도였습니다. 14일 이전의 배아는 연구에 사용하도록 허용하는 이 법률에 따라, 영국의 과학자들은 줄기세포를 얻기 위해 인간 배아를 비교적 자유롭게 사용하고 만들 수 있지요. 이러한 연구는 면밀한 감독하에 수행되고 있으며 규제

도 받고 있지만, 연구를 진행하는 데에는 지장이 없습니다. 이는 윤리적 지침에 대한 공공의 합의가 명확하게 도출되면 과학 연구는 지속될 수 있다는 사실을 의미한답니다.

반면 독일과 이탈리아에서는 연구 목적으로 배아를 만드는 행위를 금지합니다. 그렇지만 다른 나라에서 만들어진 배아를 수입할 수는 있어요.

덴마크는 불임 치료 과정 중에 발생하는 잔여 배아를 줄기세포 연구에 사용할 수 있도록 허용합니다. 배아를 이미 만들었는데 더는 불임 치료에 사용할 필요가 없다면, 배아를 버리는 것이 줄기세포 연구에 사용하는 것보다 더 비윤리적이라고 생각하기 때문이랍니다.

1997년 프랑스 스트라스부르에서 열린 유럽 의회에서 인간의 권리를 보호하기 위한 조약을 만들었다. 이 조약에는 과학 연구에 사용되는 인간 배아의 권리에 관한 내용도 포함되어 있다. 그러나 조약의 세부 내용을 얼마나 자국의 법률 속으로 도입할지는 각국 정부가 결정할 일이다.

1997년 유럽 의회에서는 '인권과 생의학에 관한 유럽 협약'을 채택했습니다. 이 협약 18조는 '연구 목적으로 인간 배아를 생산하는 것을 금지한다.'라고 명시하고 있어요. 2011년까지 유럽 47개국 중 반 이상이 이 협약 내용을 자국의 법규에 반영하였답니다.

협약에 서명하고 자국 법규에 반영한 국가		협약 내용을 자국 법규에 반영하지 않은 국가
보스니아 헤르체고비나	불가리아	알바니아
크로아티아	키프로스	안도라
체코 공화국	덴마크	아르메니아
에스토니아	핀란드	오스트리아
조지아	그리스	아제르바이잔
헝가리	아이슬란드	프랑스
라트비아	리투아니아	독일
몬테네그로	몰도바	아일랜드
포르투갈	노르웨이	이탈리아
산마리노	루마니아	리히텐슈타인
슬로베니아	슬로바키아	룩셈부르크
스위스	스페인	모나코
터키	마케도니아 공화국	네덜란드
		폴란드
		러시아
		세르비아
		스웨덴
		우크라이나
		영국

찬성 vs 반대

줄기세포 분야에서 세계 선두 그룹을 유지하기 위해 영국은 향후 10년 간 적어도 3억 5,000만 유로(약 5,000억 원)를 줄기세포 연구에 추가로 투자해야 한다. 이 분야의 공적 자금 액수를 유지하고 나아가 증가시키는 일은 매우 중요하다. 영국이 누릴 궁극적인 건강과 부(富)는 우리가 제안하는 추가 투자 액수에 직접적으로 비례할 것이다.

– 존 패티슨 경 영국 줄기세포 주도안 발의 위원, 2005년

줄기세포와 관련해서 두 가지 그릇된 견해가 있다. 하나는 배아 줄기세포를 이용한 치료법이 가까운 시일 내에 실현될 것이라는 점, 다른 하나는 성체 줄기세포가 그다지 효과적이지 않을 것이라는 점이다.

– 네일 스콜딩 교수 영국 브리스틀 소재 프렌체이 병원, 2001년

그 외 다른 나라의 줄기세포 정책

아직 많은 나라들이 인간 배아와 줄기세포 연구를 허용하거나 금지하는 법규를 정하지 않고 있습니다. 중국이나 아르헨티나, 아이슬란드 같은 경우에도 이 분야에 대한 법률을 제정하지 않은 상태예요. 이는 곧 이들 국가에서는 줄기세포 관련 연구를 하는 데 제한이 없다는 뜻이기도 합니다.

이러한 상황이 부당하다고 생각하는 과학자들도 있습니다. 규제가 없는 나라에서 연구하는 과학자들은 상대적으로 훨씬 유리한 위치에 있으

며 경쟁에서 앞서 나갈 수 있다는 것이죠. 반면 규제가 있는 국가에서 연구하는 과학자들이 오히려 실질적으로 유용한 결과를 얻을 확률이 더 많다고 생각하는 사람들도 있어요. 왜냐하면 이러한 나라의 과학자들은 이미 윤리적·현실적 한계를 지키면서 더욱 신중하게 연구하기 때문에 성과가 뒤늦게 소용없게 될 가능성이 적기 때문이지요.

지난 10년간 중국은 여러 분야에 걸쳐 연구 능력을 키워 왔습니다. 물론 줄기세포로 각종 질환을 치료하는 방법도 포함해서 말이지요. 중국 정부는 자국의 과학자들을 해외로 보내서 선진 기술을 익히도록 한 다음 다시 자국으로 불러들였어요. 또한 줄기세포 연구를 수행하는 데 막대한 자금을 공급해 주었지요. 중국 정부는 규제를 최소화했고, 이 연구를 최대

2007년, 중국 베이징에 소재한 텐탄 푸화(Tiantan Puhua) 병원에서 한 환자가 치료를 받고 있다. 이 병원에서는 뇌졸중과 척수 손상 환자들에게 줄기세포를 주입하는 치료를 시도하고 있다.

한 빨리 인체에 적용할 가능성을 찾는 것을 목표로 삼았습니다. 이러한 지원에 힘입어, 중국 과학자들은 줄기세포에 관한 논문을 2000년에는 37편 발표했지만 2007년에는 무려 1,116편이나 발표했다고 해요. 같은 해 미국에서 발표된 6,008편의 논문에 비하면 아직 차이가 크지만, 이 숫자는 영국, 일본, 독일에서 발표된 논문의 수와 비슷하다고 합니다.

반대로, 줄기세포에 대한 규제가 거의 없다는 점이 큰 문제가 되기도 합니다. 중국에서는 현재 200여 개가 넘는 병원에서 줄기세포를 이용한 치료를 수행하지만, 이 치료법이 안전하고 효과적이었다고 검증된 사례는 거의 없어요. 이 중 몇몇 병원은 외국인 환자를 유치하는데 이 환자들은 대개 병이 아주 심각해 지푸라기라도 잡는 심정으로 오는 경우가 많습니다. 그렇지만 비싸고 검증되지 않은 줄기세포 치료를 받고서, 환자들이 돈도 잃고 부작용도 겪는 상황에 처하게 될지도 모를 일이죠.

우리나라의 줄기세포 정책

우리나라 정부는 줄기세포 연구를 활성화하기 위해 규정과 절차를 만들어 연구를 적극 지원하고 있습니다. 최근에는 세계에서 처음으로 세 종류의 줄기세포 치료제를 허가해 주기도 했지요. 국가적인 줄기세포 연구 지원은 2002년부터 본격적으로 이루어졌어요. 줄기세포 관련 산업을 국가 미래 산업의 하나로 선정하고, '세포응용연구사업단'을 꾸려 전폭적인 지원을 했지요. 그러나 2005년 말, 난자 수급과 관련된 윤리 문제와 논문 조작 문제가 불거지면서 '줄기세포 허브'를 백지화하는 등 총체적 위기를 맞기도 했습니다. 하지만 이를 계기로 오히려 지원 및 관리 체계를 개선하고 관련 법령을 정비해 가며 지속적으로 연구를 지원하고 있습니다. 줄기세포와 관련된 윤리 문제를 규제하기 위한 법으로는 '생명 윤리 및 안전에 관한 법률'을 두고 있지요. 우리나라의 줄기세포·재생의료 기술 수준은 세계 10위권으로 최대 기술국인 미국과 기술 격차가 1.8년 정도에 불과해, 우리나라 연구진들은 세계 최상위권으로 도약하기 위해 연구에 박차를 가하고 있다고 합니다.

사례탐구 **줄기세포 연구 경쟁**

2004년 2월 우리나라는 인간 복제와 줄기세포와 관련된 논란의 중심에 서게 되었다. 황우석 박사팀이 인간 배아를 복제해 이 복제된 배아로부터 배아 줄기세포를 만들었다고 발표했기 때문이다.

황 박사가 자신의 줄기세포 연구에 대해 처음 발표했을 때 그는 국가적 영웅이 되었다. 그러나 황 박사가 실험실의 줄기세포 일부에 대해 거짓말을 하고 세계적인 저널 2종에 조작한 결과를 실었다는 사실이 발견되면서, 그는 엄청난 항의와 비난을 한 몸에 받아야 했다. 이런 일이

줄기세포를 만들고 가공하는 분야에서 황우석 박사는 국가적인 영웅이 되었다. 그러나 전 세계의 많은 과학자들은 황 박사의 연구 과정에 우려를 나타냈다.

일어난 배경에는 아마도 당시 우리나라에 줄기세포 연구에 대한 적절한 규제가 거의 없었던 탓도 있을 것이다.

간추려 보기

- 일반적인 원칙으로 볼 때, 국가가 어떤 행위를 금지하지 않는다면 해당 국가에서 그 행위는 합법적이라고 할 수 있다.
- 나라마다 인간 배아와 배아 줄기세포 사용에 대한 허용 범위가 다르다.
- 일부 국가는 줄기세포 연구를 상려하여 경제를 활성화하려고 한다.
- 다른 국가들보다 인간 배아를 보호하기 위해 더 많은 주의를 기울이는 나라도 있다.

줄기세포 연구의 미래

만일 줄기세포가 여러 질환에 새로운 치료법을 제공하게 되면, 이제 그 혜택을 모든 사람이 누릴 수 있게 하는 것이 문제의 핵심이 되어야 합니다. 그러므로 앞으로 우리 사회가 고려해야 할 윤리 원칙 중 하나가 바로 '정의'입니다. 어떻게 해야 누구나 공평하게 이러한 치료를 받을 수 있을까요?

우리 몸에서 세포가 어떤 역할을 하며 각각의 질병마다 세포에 어떤 문제가 생기는지 그리고 건강을 회복하기 위해서는 어떤 치료법을 개발해야 하는지 등을 과학적으로 밝히는 일에는 큰 비용이 들어갑니다. 연구를 진행시키기 위한 계획을 잡는 데만도 수억 원이 소요될 수 있지요. 게다가 연구를 진행한다고 해도 항상 성공하는 것은 아니며 아무런 소득을 얻지 못할 수도 있습니다.

어떻게 자금을 유치해야 할까?

기업은 물건을 팔거나 서비스를 제공해서 돈을 벌어들일 목적으로 존재합니다. 기업이 어떤 사업을 시작할 때는 항상 어떻게 투자를 유치할지 생각하지요. 투자를 유치하려면 앞으로 몇 년 내에 투자금을 상환하고 이익을 낼 수 있는지 가능성을 보여줘야 합니다. 하지만 줄기세포와 같은 분야는 실제 임상 현장에서 사용될 기회가 적은 데다 연구·개발에 비용도 많이 든답니다. 이 때문에 민간 기업 차원에서는 줄기세포 연구로 사업을 진행하기가 어렵지요.

이를 해결할 유일한 방법은 정부가 초기 연구에 투자하는 것입니다.

뒤이어 사업을 맡을 기업이 연구 결과를 바탕으로 이익을 창출할 수 있도록 기반을 마련해 주는 것이지요. 이를 두고 어떤 사람들은 연구 결과를 상업적으로 이용하면서도 연구에 대가를 지불하지 않는 기업은 그로 인한 이익을 얻어서는 안 된다고 생각합니다. 또한 줄기세포 연구와 같이 인류 공동체에 중요할 수 있는 일이 사익을 추구하는 민간 기업의 손에 넘어가서는 안 된다고 주장합니다.

주식 시장은 기업이 이익을 창출하도록 요구한다. 그래서 줄기세포 연구와 같이 복잡한 윤리적인 문제에 얽힌 기업에도 수익을 내라고 압력을 넣을 수 있다. 이 때문에 기업이 의학 연구에 투자하는 것이 과연 윤리적인가에 대해 의문점이 불거지고 있다.

새로운 발견과 특허

기업이 어떤 연구에 투자해 가치 있는 성과를 얻었을 경우, 대체로 연구 결과를 특허로 보호하려 합니다. 특허란 타인에게 자신의 연구 성과를 공개하되, 타인이 비용을 지불하지 않고 무단으로 사용하는 것을 막는 법적 장치예요. 다만 특허는 발명에 대해서만 인정됩니다. 세상에 이미 존재하는 것을 발견한 사람에게 특허가 부여된 경우는 없었습니다. 예를 들어 식물학자는 식물의 종에 대해 특허를 낼 수가 없습니다. 단지 처음 발견했을 뿐이지 발명한 것은 아니니까요. 그래서 법조인과 과학자들은 줄기세포를 특허로 인정하는 문제에 대해서 논쟁을 벌이고 있습니다. 줄기세포는 발명이라기보다는 발견에 훨씬 더 가깝다고 생각하는 사람들도 있기 때문이지요.

미래에는 난자를 어디서 얻을 수 있을까?

인간 배아를 인공적으로 만드는 과학자들은 연구를 신속하게 진행하는 데 어려움을 겪습니다. 배아를 만드는 데 필요한 난자의 수가 늘 부족하기 때문이지요. 그래서 대가를 지불해서라도 난자를 구하려고 합니다. 게다가, 일부 과학자들은 시험관아기 시술에서 남는 배아를 사용하는 것보다 연구 목적으로 배아를 만들어 사용하는 것이 더

2010년 영국에서 마르쥬 칸이라는 28세 여성이 자신의 난자를 판매한다고 광고를 냈다가 기소될 뻔했다. 영국 법에 따르면 비록 자신의 난자라 할지라도 인간의 난자를 매매하는 것은 불법이다.

윤리적이라고 생각합니다. 연구 목적으로 만든 배아는 애초에 아기로 자라게 할 의도가 없었으니까요. 그저 세포를 공급하는 것뿐이지요.

하지만 반대론자들은 과학자가 순전히 상업적이거나 의학적인 필요 때문에 배아를 만드는 행위는 명백히 비윤리적이라고 주장합니다. 또 난자를 제공하는 것은 어느 여성에게나 위험하고 고통스러운 일이라고 항변합니다. 더욱이 난자 제공의 대가로 돈을 지불할 경우, 돈이 필요한 여성들이 자신의 건강과 임신 능력을 잃게 되거나 심지어 생명이 위험할 상황에까지 자신을 내몰 가능성이 있다고 지적하지요.

찬성 VS 반대

민간 기업과 공동으로 연구를 수행할 경우 발생하는 윤리적인 딜레마는 돈 문제와 관련 있다. 이 새로운 기술로부터 발생한 이익은 연구자와 기업 중 누가 더 주장할 수 있는가? 정부 지원 연구에서도 연구자의 평판은 얼마나 '유용한' 결과를 얻느냐에 달려 있다. 만약 그러한 결과를 얻지 못한다면, 연구자는 향후 연구 자금을 유치하기 어려워질 것이다.
    – **페슬러 박사** 미국 노스웨스턴 메모리얼 병원 신경외과 의사

의학 분야에서 돈으로 동기를 부여하는 것이 과연 윤리적인지 걱정하는 사람들이 있다. 나의 생각은 다르다. 미국이 생의학 분야에서 우월한 경쟁력을 가지고 있는 이유는 기업이 시장의 요구에 대응하고 있기 때문이다.
    – **존 커닝햄 박사** 미국 시카고대학교 병원, 조혈모세포 이식 책임자

미래, 걱정과 희망

지금까지 과학자들은 불과 몇 년 만에 줄기세포에 대해 엄청난 지식을 축적했습니다. 실험실에서 세포와 동물에게 병을 유발시킨 다음 줄기세포를 이용해 치료함으로써 질병에 대한 이해를 높이고 유용한 치료법을 개발해 왔어요. 또한 줄기세포에 여러 가지 질환을 유발한 뒤에 새로운 치료법과 약물을 시험해 보는 방법을 개발함으로써 의학이 매우 빠르게 발전할 수 있었지요.

이제 화상 환자에게 이식할 피부 조직을 만드는 것도 가능합니다. 사고나 충치로 치아가 빠진 사람에게는 그의 세포를 자극해서 새로운 치아를 자라나게 할 수도 있습니다. 사고나 질병으로 신경을 다친 환자에게 손상된 신경을 복구시켜 줄 수도 있지요. 줄기세포 치료로 우리 몸의 일부분을 다시 만들 수 있게 되면서, 그 덕분에 우리 모두의 수명이 연장될 수 있다며 기대하는 사람들도 많아졌어요. 하지만 이런 일들이 가까운 시일 내에 이루어지리라고 기대하는 사람은 없습니다. 아직 불확실한 것들이 많기 때문이에요. 행여 윤리적인 문제와 재정적인 문제가 해결되지 않는다면 모든 일이 수포로 돌아갈 수도 있습니다.

공급의 문제와 분배의 정의

그동안 줄기세포 연구 비평가들은 세간에서 줄기세포에 대한 관심이 커지면 과학자들이 더 많은 인간 배아를 필요로 할 것이라고 주장했습니다. 실지로 줄기세포 치료법이 개발되면 인간 배아의 사용이 늘어날 수 있어요. 그렇게 되면 배아는 실험실이 아니라 큰 공장의 생산 라인에서 만들어질지도 모릅니다.

　만일 줄기세포가 여러 질환에 새로운 치료법을 제공하게 되면, 이제 그 혜택을 모든 사람이 누릴 수 있게 하는 것이 문제의 핵심이 되어야 합니다. 부유한 사람들은 새로운 기술에 충분히 접근할 수 있는 반면, 가난한 사람들이 이러한 치료를 받을 기회는 상대적으로 적을 것이기 때문이지요. 그러므로 앞으로 우리 사회가 고려해야 할 윤리 원칙 중 하나가 바로 '정의'입니다. 어떻게 해야 누구나 공평하게 이러한 치료를 받을 수 있을까요?

만약 줄기세포가 산업적인 규모로 사용되기 시작하면 필요한 인간 배아의 수량이 급격히 증가할 테고 이는 더 많은 윤리 문제를 야기하게 될 것이다.

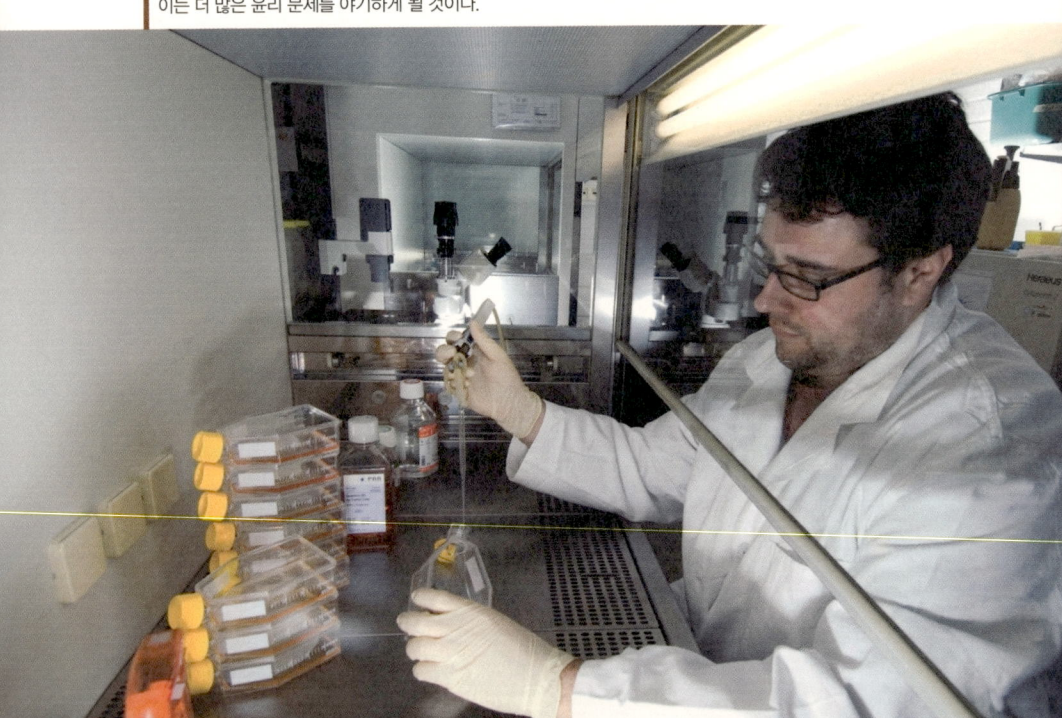

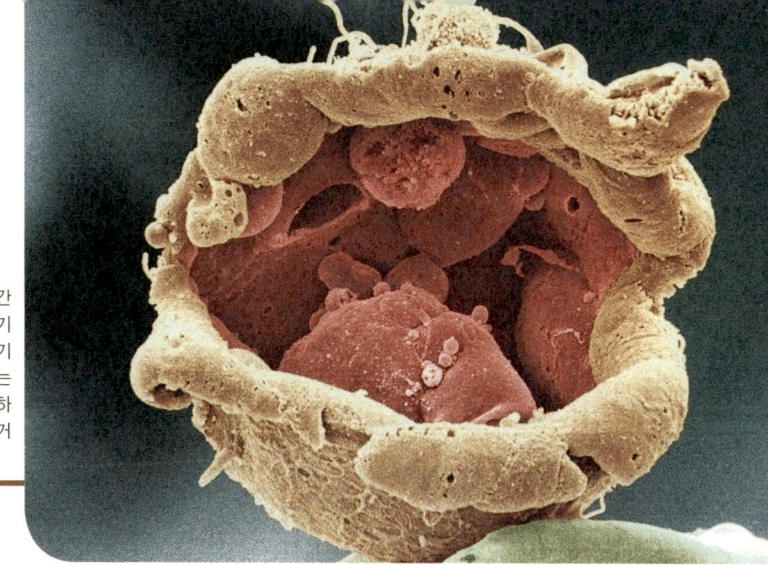

인간 배반포 가운데 빨간색으로 보이는 것이 줄기세포다. 인간 배아 줄기세포를 연구에 사용하는 것이 과연 윤리적인가 하는 문제는 여전히 논란거리로 남아 있다.

찬성 vs 반대

　　줄기세포 연구자들과 생명공학 관계자들은 인류가 더 이상 참혹한 질병으로 고통받지 않는 혁명적인 날이 올 것이라 예측하고 있다. 알츠하이머 환자의 손상된 뇌가 회복될지도 모른다. 절단된 척수가 다시 붙을지도 모른다. 손상된 장기가 다시 만들어질지도 모른다. 줄기세포는 우리에게 이 꿈이 현실이 되리라는 희망을 가져다주었다.

　　　　　　　　　　　　　　– **조지 울프** 《생명공학 투자의 바이블》에서, 2001년

　　질병 치료를 위해 줄기세포를 채취할 때 윤리적으로 전혀 문제 될 소지 없이 세포를 얻는 방법들이 있다. 즉, 배아를 파괴하지 않고서도 충분히 줄기세포를 얻을 수 있다. 그러므로 인간 배아에 어떤 도덕적 지위를 부여할 것인지 논할 필요도 없다. 배아를 사용할 필요가 없기 때문이다.

　　　　　– **조세핀 퀸타벨** 생명윤리에 관한 캠페인 그룹 CORE의 책임자, 2004년

- 줄기세포를 이용하는 연구에는 막대한 비용이 들어간다.
- 민간 투자를 받는 줄기세포 연구의 경우, 의학 발전을 목적으로 하기보다 기업의 사적인 이익을 앞세우는 때가 종종 있다.
- 현실적으로 줄기세포의 선구적인 연구는 정부가 투자해야만 성과를 거둘 수 있다. 그런 뒤에 기업이 그 성과를 이용해서 치료법을 개발하여 이익을 창출할 수 있다.
- 줄기세포 치료가 1~2년 내에 널리 사용되리라고 생각하는 사람은 아무도 없다. 하지만 향후 10~20년이 지나면 줄기세포가 의학을 획기적으로 바꿀 수 있으리라는 기대가 높다.

용어 설명

거부 반응(rejection) 몸 밖에서 유래한 물질로 보이는 세포를 파괴하는 신체의 방어 과정.

골수(bone marrow) 뼈의 중심부에 위치하며, 줄기세포를 가지고 있어서 혈액 세포를 만들어 내는 역할을 한다.

공리주의(utilitarianism) 최대한 많은 사람에게 최대의 이익을 주는 것이 윤리적으로 옳다고 여기는 사상.

내배엽(endoderm) 배아 발생 초기의 배엽 가운데 가장 안쪽의 배엽. 여기에서 폐, 간, 췌장, 소장 및 대장이 만들어진다.

다능성 줄기세포(multipotent stem cell) 수정된 지 21일 정도 지난 때의 줄기세포로, 몇 가지 조직만으로 분화할 수 있다.

디엔에이(DNA, Deoxyribonucleic Acid) 세포 내에 있으며 정보를 저장하는 역할을 하는 유전자의 본체.

만능성 줄기세포(pluripotent stem cell) 배반포 단계의 줄기세포로서 많은 종류의 조직으로 분화할 수 있는 능력이 있다.

배반포(blastocyst) 인간의 난자와 정자가 만나 수정이 되고 4~6일 정도 지난 시기, 수정란이 약 250개의 세포로 자라면서 속이 빈 공 모양을 형성하는 배아 발달 과정의 한 형태.

배아(embryo) 사람의 경우, 수정된 이후부터 8주 이전까지의 발달 단계에 있는 개체를 주로 배아라고 한다.

배아 줄기세포(embryonic stem cell) 배반포 내부의 세포 덩어리에서 추출한 줄기세포.

복제(cloning) 유전 정보를 가진 DNA를 다른 배아로 똑같이 옮기는 과정.

분화 생물체나 세포의 구조와 기능 따위가 특수화되는 현상.

상실배(morula) 수정 후에 세포가 분열되면서 형성되는 작은 세포 덩어리.

생명공학(biotechnology) 생명 현상, 생물 기능 그 자체를 인위적으로 조작하는 기술을 통틀어 이르는 말. 유전자의 재조합, 세포 융합 등의 기술을 바탕으로 육종, 의료, 공해 방지와 같은 다양한 분야에 걸친 응용이 시도되고 있다.

수정(fertilization) 정자가 난자와 만난 다음, 난자의 외막을 깨고 내부로 들어가는 과정. 이 과정이 이루어지면 수정란이 되고 배아로 발달하기 시작한다.

암(cancer) 생체 조직 안에서 세포가 무제한으로 증식하여 악성 종양을 일으키는 병.

외배엽(ectoderm) 원시 배아층 가운데서 바깥층을 형성하는 부분으로 이후 피부, 뇌, 눈, 신경계로 발달한다.

유도 만능 줄기세포(iPS cell, induced Pluripotent Stem cell) 성체 세포를 여러 가지 방법으로 다시 프로그램하여 배아 줄기세포와 같은 분화 능력을 가지도록 만든 줄기세포.

유전자(gene) 생물체 개개의 유전 형질을 발현시키는 원인이 되는 인자. 염색체 가운데 일정한 순서로 배열되어, 생식 세포를 통하여 어버이로부터 자손에게 유전 정보를 전달한다. 본체는 DNA이며, RNA를 거쳐 세포 속에서 합성되는 단백질의 종류를 지령(指令)한다.

전능성 줄기세포(totipotent stem cell) 상실배 단계의 줄기세포로, 우리 몸의 어떤 조직으로도 자랄 수 있는 능력이 있다.

줄기세포주(stem cell line) 배양 조건만 맞으면 다양한 세포로 분화할 수 있는 세포주. 세포주란 세포 배양을 통해 계속 분열·증식하여 대를 이을 수 있는 배양 세포의 클론을 이른다.

중배엽(mesoderm) 배아 발생 초기에 내배엽과 외배엽 사이에 생기는 세포층. 이로부터 골격, 근육, 혈액 세포, 혈관 등이 생긴다.

처녀생식(parthenogenesis) 수정되지 않고도 난자만으로 새로운 개체로 발달할 수 있는 번식 방식.

체세포 줄기세포(somatic stem cell) 주로 성인의 장기에서(일부는 태아의 장기에서) 발견되는 줄기세포로 몇몇 제한된 세포 형태를 만들어 낼 수 있다. 성체 줄기세포라 불리는 경우도 있다.

태반(placenta) 임신 중 태아와 모체의 자궁을 연결하는 기관. 태아에게 영양분을 공급하고 배설물을 내보내는 기능을 한다.

태아(foetus) 사람의 경우, 수정된 후 8주부터 태어나기 전까지의 발달 단계에 있는 배아를 주로 태아라고 한다.

탯줄/제대(umbilical cord) 태아와 태반을 연결하는 관. 이를 통하여 태아가 산소와 영양분을 공급받는다.

핵(nucleus) 진핵 생물 세포의 중심에 있는 공 모양의 소체(小體)로서, 세포의 다양한 활동을 규정하는 유전자를 내부에 포함한다.

혼을 불어넣기(ensoulment) 이슬람 신앙에서 태아에게 영혼이 들어가는 사건을 의미한다.

생명윤리 및 안전에 관한 법률

제1조

(목적) 이 법은 인간과 인체유래물 등을 연구하거나, 배아나 유전자 등을 취급할 때 인간의 존엄과 가치를 침해하거나 인체에 위해(危害)를 끼치는 것을 방지함으로써 생명윤리 및 안전을 확보하고 국민의 건강과 삶의 질 향상에 이바지함을 목적으로 한다.

제3조

(기본 원칙) ① 이 법에서 규율하는 행위들은 인간의 존엄과 가치를 침해하는 방식으로 하여서는 아니 되며, 연구대상자 등의 인권과 복지는 우선적으로 고려되어야 한다.

② 연구대상자 등의 자율성은 존중되어야 하며, 연구대상자 등의 자발적인 동의는 충분한 정보에 근거하여야 한다.

③ 연구대상자 등의 사생활은 보호되어야 하며, 사생활을 침해할 수 있는 개인정보는 당사자가 동의하거나 법률에 특별한 규정이 있는 경우를 제외하고는 비밀로서 보호되어야 한다.

④ 연구대상자 등의 안전은 충분히 고려되어야 하며, 위험은 최소화되어야 한다.

⑤ 취약한 환경에 있는 개인이나 집단은 특별히 보호되어야 한다.

⑥ 생명윤리와 안전을 확보하기 위하여 필요한 국제 협력을 모색하여야 하고, 보편적인 국제기준을 수용하기 위하여 노력하여야 한다.

제20조

(인간복제의 금지) ① 누구든지 체세포복제배아 및 단성생식배아(이하 "체세포복제배아등"이라 한다)를 인간 또는 동물의 자궁에 착상시켜서는 아니 되며, 착상된 상태를 유지하거나 출산하여서는 아니 된다.

제23조

(배아의 생성에 관한 준수사항) ① 누구든지 임신 외의 목적으로 배아를 생성하여서는 아니 된다.

② 누구든지 배아를 생성할 때 다음 각 호의 어느 하나에 해당하는

행위를 하여서는 아니 된다.

    1. 특정의 성을 선택할 목적으로 난자와 정자를 선별하여 수정시키는 행위

    2. 사망한 사람의 난자 또는 정자로 수정하는 행위

    3. 미성년자의 난자 또는 정자로 수정하는 행위. 다만, 혼인한 미성년자가
      그 자녀를 얻기 위하여 수정하는 경우는 제외한다.

③ 누구든지 금전, 재산상의 이익 또는 그 밖의 반대급부(反對給付)를 조건으로 배아나 난자 또는 정자를 제공 또는 이용하거나 이를 유인하거나 알선하여서는 아니 된다.

제26조 (잔여배아 및 잔여난자의 제공) ① 배아생성의료기관은 연구에 필요한 잔여배아를 제30조제1항에 따라 배아연구계획서의 승인을 받은 배아연구기관에 제공하거나 잔여난자를 제31조제4항에 따라 체세포복제배아등 연구계획서의 승인을 받은 체세포복제배아 등의 연구기관에 제공하는 경우에는 무상으로 하여야 한다. 다만, 배아생성의료기관은 잔여배아 및 잔여난자의 보존 및 제공에 든 경비의 경우에는 보건복지부령으로 정하는 바에 따라 제공받는 연구기관에 대하여 경비지급을 요구할 수 있다.

제29조 (잔여배아 연구) ① 제25조에 따른 배아의 보존기간이 지난 잔여배아는 발생학적으로 원시선(原始線)이 나타나기 전까지만 체외에서 다음 각 호의 연구 목적으로 이용할 수 있다.

    1. 난임치료법 및 피임기술의 개발을 위한 연구

    2. 근이영양증(筋異營養症), 그 밖에 대통령령으로 정하는 희귀·난치병의
      치료를 위한 연구

    3. 그 밖에 국가위원회의 심의를 거쳐 대통령령으로 정하는 연구

연표

1890년대	배아 세포가 어떤 조직으로도 자랄 수 있는 능력이 있다는 사실이 최초로 입증되었다.
1908년	러시아 과학자 알렉산더 막시모프가 처음으로 줄기세포(stem cell)라는 용어를 사용하였다.
1960년대	캐나다 과학자 제임스 틸과 어니스트 맥컬록이 골수에 줄기세포가 존재한다는 사실을 밝혔다.
1974년	미국의 제93차 의회에서 인간 배아 조직 연구에 연방정부가 자금을 지원하지 못하도록 했다.
1978년	인간의 탯줄에 줄기세포가 있음을 발견했다.
1980년대	실험용 쥐에서 처음으로 배아 줄기세포를 추출하는 데 성공했다.
1981년	캠브리지 대학의 마틴 에반스와 캘리포니아 대학의 게일 마틴이 실험용 쥐의 배반포 내 세포 덩어리에서 배아 줄기세포를 추출해 배양하는 데 성공했다.
1985~1992년	미국 반더빌트 의과대학의 브리지드 호건과 메릴랜드 소재 국

립암연구소의 피터 도노반이 배아 줄기세포를 특정 조직으로 배양하는 데 성공했다.

1988년
캘리포니아에 거주하는 한 부부가 17세 된 딸의 병을 치료하기 위해 또 다른 아기를 가졌다. 이 아기가 태어날 때 나오는 제대혈에서 줄기세포를 채취해 치료에 사용할 목적이었다.

1993년
빌 클린턴 미국 대통령이 20년간 유지되었던 배아 줄기세포 연구 금지를 해제하였다.

1994년
영국 의회가 인간 수정 및 배아 발생에 관한 법률(HFE Act)을 통과시켰다.

1997년
미국 과학자 존 기어하트가 유산된 태아로부터 원시 생식세포를 채취하였다.

1998년
미국 생물학자인 제임스 톰슨이 세계 최초로 인간 배아 줄기세포주를 수립하였으며, 이 세포들은 오늘날까지도 자라고 있다.

2001년
조지 W. 부시 미국 대통령이 다시 인간 배아 줄기세포 연구에 제한을 가했다.

2005년
미국의 과학자 로버트 란자가 이끄는 연구팀이 실험용 쥐의 배아가 8개의 세포로 분화되었을 때 그중 한 개의 세포를 추출하여 배아 줄기세포주를 만드는 데 성공했다.

2007년   일본 과학자 신야 야마나카와 미국 과학자 제임스 톰슨이 각각 피부 세포에서 유도 만능 줄기세포를 만드는 방법을 발견했다.

2009년   미국의 버락 오바마 대통령은 미국 내에서 인간 줄기세포를 연구하는 데 장애가 되었던 여러 규제들을 철폐했다.

2010년   인간 배아 줄기세포를 사용한 임상 시험이 시작되었다.

더 알아보기

사이언스올 www.scienceall.com

한국과학창의재단에서 운영하는 과학포털 사이트. Science ALL(과학의 모든 것)이라는 사이트 명에서 알 수 있듯이, "과학 종사자뿐만 아니라 과학에 관심 있는 일반인도 함께 즐길 수 있는 과학의 모든 것을 담겠다!"는 모토 아래 과학 문화 확산을 위해 노력하고 있다. 과학 문화와 지식을 맛깔나게 풀어내는 '사이언스올 이슈', 스스로 학습을 위해 플래시, 동영상 등으로 흥미롭게 제작한 '사이언스올 에듀', 자연과학 분야의 온갖 정보를 담은 '사이언스올 지식백과' 등의 코너가 있다.

공감코리아 www.korea.kr

대한민국 정책포털 사이트 공감코리아에 접속해서 상단 검색창에 '줄기세포'를 검색해 본다. 그러면 줄기세포에 관한 부처별 보도자료를 볼 수 있고, 우리나라 정부가 줄기세포 정책을 어떻게 펼치는지 알 수 있다.

세포응용연구사업단 www.stem.or.kr

우리나라 줄기세포 연구의 태동기인 2002년, 교육과학기술부(당시 과기부)의 21세기 프론티어 연구개발 사업으로 시작해 국내 줄기세포 연구를 선도해 왔다. 사업단은 줄기세포를 이용하여 난치성 질환에 대한 세포 치료 원천 기술을 확보하는 것을 목표로 삼고, 2012년 3월 사업이 종료될 때까지 많은 성과를 이루었다. 홈페이지를 통해 사업단이 무엇을 어떻게 연구해 왔는지 살펴보며 우리나라 줄기세포 연구의 발전 상황을 짚어볼 수 있다.

유로스템셀 www.eurostemcell.org
유럽의 줄기세포·재생의학 연구의 싱크탱크로, 2010년 3월에 발족하였다. 유럽
위원회(European Commission)의 FP7(Seventh Framework Programme)으로부터
자금을 지원받고 있다. 유럽 국가들의 줄기세포 연구 현황과 제기되는 윤리 문
제 등을 살펴볼 수 있고, 줄기세포에 관한 각종 교육용 자료와 영상을 내려받을
수 있다.

유타대학교 러닝센터 http://learn.genetics.utah.edu/content/tech/stemcells/
미국 유타대학교의 유전학 러닝센터 홈페이지. 줄기세포가 무엇인지를 쉽고 재
미난 애니메이션으로 설명하고 있으며, 유도 만능 줄기세포 이야기나 줄기세포
논쟁 등도 살펴볼 수 있다.

미시건대학교 줄기세포 연구 http://www.stemcellresearch.umich.edu/
미국 미시건대학교의 줄기세포 연구 홈페이지. 줄기세포에 관한 각종 정보뿐만
아니라 줄기세포 사진들도 구경할 수 있고, 연구진들의 연구 모습이나 인터뷰
내용을 담은 동영상도 감상할 수 있다.

슈마나스 www.sumanasinc.com/scienceinfocus/sif_stemcells.html
슈마나스 사는 교육용 콘텐츠를 개발하는 미국의 회사로, 위의 링크를 따라가면
인간 배아 줄기세포를 설명하는 애니메이션 등을 볼 수 있다.

찾아보기

ㄱ

골수 이식 61~64
공리주의 44, 57, 103
교황 51~52
기관 17, 35, 68, 72
기도 70~71
기독교 51~53, 57

ㄴ

난소 16
난자 16, 18~19, 29,
31~33, 35, 45, 51~52,
66~67, 89, 97~98
내배엽 18~19, 103
노벨상 62
누드마우스 72

ㄷ

다능성 줄기세포 18, 21,
25, 103
달라이 라마 56
덴마크 85~86
독일 20, 85~86, 89
동물 실험 71~73, 76

드리쉬(Driesch, Hans) 20

ㅁ

마테(Mathé, Dr Georges) 64
만능성 줄기세포 18, 21, 25,
34~37, 103

ㅂ

배반포 17~18, 21, 25, 101,
103, 108
배아 8~11, 17~25,
29~39, 43~57, 63,
66~69, 71, 75, 81~91,
97~101, 103, 106~110
배아 줄기세포 11, 23, 25,
36, 46, 55~56, 63, 69,
75, 77~78, 82, 91, 103,
108~110
배아의 지위 43, 47~57
백혈병 61~64, 78
법률(법규) 47~50, 52, 57,
81, 84~87, 90, 106~107
벤담(Bentham, Jeremy) 44
복제 36, 90, 103, 106~107

부시(조지 W. 부시 전 미국대통령)
23, 25, 83, 109
불교 55~57
비용 32, 46, 95, 97, 102
빈혈 67

ㅅ

상실배 16, 18~19, 25,
34~35, 103
성체 줄기세포 17, 53, 61,
69, 87, 105
세계 줄기세포 정상회의 77
수정 15~16, 18~21, 25,
29, 31, 33, 45, 47, 50~52,
54, 78, 104, 107
슈페만(Spemann, Hans) 20
시험관아기(체외 수정)
29~31, 39, 97
심장마비 68
쌍둥이 20, 30

ㅇ

아르헨티나 87
아이슬란드 86~87

알츠하이머 101
암 9, 37, 61, 64, 69, 72~73, 104
영양배엽 17
오바마(버락 오바마 미국대통령) 83~84, 110
외배엽 18~19, 104
우리나라 89~90
원칙주의 46~47
유대교 53, 57
유도 만능 줄기세포(iPS 세포) 36~38, 104, 110
유럽 의회 85
유럽 협약 18조 86
유산 34, 39, 77~78, 109
유전자 36~37, 104
이슬람교 54, 57
이윤 83
이탈리아 85~86
일본 89, 110

ㅈ
자궁 16, 29~30, 35, 47, 51~52, 67

자금(기금) 32, 46, 81~83, 87, 95, 98
재생 18, 68, 90
전능성 줄기세포 18~20, 25, 34~35, 104
정자 16, 18~19, 29, 31, 33, 45, 51~52, 66~67
제공자(기증자, 공여자) 32, 37, 46, 63, 66
제대(탯줄) 35, 39, 67, 105, 108
중국 87~89
중배엽 18~19, 104

ㅊ
처녀생식 33~34, 104
체세포 줄기세포 22, 69, 105

ㅌ
태반 17, 35, 39, 105
태아 17, 25, 30, 34~35, 39, 45, 77~78, 81
토머스(Thomas, Dr E. Donnall)

62
특허 97

ㅎ
핵 15, 35, 105
혈액 세포 19, 47, 61, 63~64, 103
혼을 불어넣기 54, 105
황우석 90
힌두교 54~55

DNA 15, 103~104
HFE Act 47~50, 57

내인생의책은 한 권의 책을 만들 때마다
우리 아이들이 나중에 자라 이 책이 '내 인생의 책'이라고 말할 수 있는 책을 만들고자 합니다.

세상에 대하여 우리가 더 잘 알아야 할 교양
㉒ **줄기세포** 꿈의 치료법일까? (원제: Stem Cell Research)

피트 무어 글 │ 김좌준 옮김 │ 김동욱, 황동연 감수

초판 발행일 2013년 3월 29일 │ 2쇄 발행일 2022년 12월 20일
펴낸이 조기룡 │ 펴낸곳 내인생의책 │ 등록번호 제10-2315호
주소 서울특별시 서초구 강남대로373 홍우빌딩 16층 114호
전화 (02)335-0449, 335-0445(편집) │ 팩스 (02)6499-1165
전자우편 bookinmylife@naver.com │ 카페 http://cafe.naver.com/thebookinmylife
편집주간 한소원 │ 편집장 이은아 │ 책임편집 손유진 │ 편집 김지연 황윤진 강길주 조일현 김수령
디자인 심재원 한은경 │ 마케팅 김상석

ISBN 978-89-97980-24-6 44300
ISBN 978-89-91813-19-9 44300(세트)
(CIP제어번호: 2013001283)

책값은 뒤표지에 있습니다. 잘못된 책은 구입처에서 바꾸어 드립니다.

책은 나무를 베어 만든 종이로 만듭니다.
그래서 원고는 나무의 생명과 맞바꿀 만한 가치가 있어야 합니다.
그림책이든 문학, 비문학이든 원고 형식은 가리지 않습니다.
여러분의 소중한 원고를 bookinmylife@naver.com으로 보내주시면
정성을 다해 좋은 책으로 만들겠습니다.

디베이트 월드 이슈 시리즈

세상에 대하여 우리가 더 잘 알아야 할 교양

전국사회교사모임 선생님들이 번역한 신개념 아동·청소년 인문교양서!

《디베이트 월드 이슈 시리즈 세더잘》은 우리 아이들에게 편견에 둘러싸인 세계 흐름에서 벗어나 보다 더 적확한 정보와 지식을 제공합니다. 모두가 'A는 B이다.'라고 믿는 사실이, 'A는 B만이 아니라, C나 D일 수도 있다.' 는 것을 알려 주면서 아이들이 또 다른 진실을 발견하도록 안내합니다.

★ 전국사회교사모임 추천도서 ★ 문화체육관광부 우수교양도서 ★ 한국간행물윤리위원회 청소년 권장도서 ★ 서울시교육청 추천도서 ★ 보건복지부 우수건강도서 ★ 아침독서 추천도서 ★ 대교눈높이창의독서 선정도서 ★ 학교도서관저널 추천도서

세더잘 21

안락사 허용해야 할까?

케이 스티어만 글 | 장희재 옮김 | 권복규 감수

안락사는 가면을 뒤집어쓴 살인 행위에 불과하다.
vs 인간은 품위 있는 죽음을 선택할 수 있어야 한다.

이 책은 안락사 전반을 둘러싼 사회문화적, 철학적 쟁점들을 균형 있게 살펴보면서 삶과 죽음의 문제에 접근합니다. 안락사를 현대 의학의 효율성과 경제적 측면에서 바라보는 것이 아니라 삶과 죽음이라는 커다란 그림 안에서 바라보게 하는 것이지요. 끝없이 계속되는 안락사 찬반 논쟁을 살펴보면서 삶의 소중함을 깨달아 봅시다.

세더잘 20

피임 인구 조절의 대안일까?

재키 베일리 글 | 장선하 옮김 | 김호연 감수

태아는 태어날 권리가 있다.
vs 피임은 인간다운 삶의 필요조건이다.

피임과 인구 문제는 서로 어떤 연관성이 있을까요? 중국의 '한 자녀 정책'과 같은 국가 차원에서의 피임 정책이 인구 증가를 잡는 해결책이 될 수 있을까요? 출산율을 잡으려다 자칫 태아의 생명권만 침해하는 건 아닐까요? 일반적인 청소년 교양서들이 피임과 인구 문제를 분리해서 다루는 데 비해 이 책은 두 주제 간에 통합적인 사고를 이끌어 내는 게 특징입니다.

세더잘 19

유전 공학 과연 이로울까?

피트 무어 글 | 서종기 옮김 | 이준호 감수

유전 공학 기술의 발전과 활용은 반드시 필요하다.
vs 생물의 기본 구성 요소를 건드리는 것은 위험한 일이다.

인류는 인간의 삶에 유용하도록 동식물의 유전자를 변형시켜 왔습니다. 복제 양 돌리가 탄생하고 우유를 많이 생산해 내는 젖소와 육질이 풍부한 소는 물론 털이 빨리 자라는 양과 병해충과 농약에 강한 농작물 등이 바로 그 결과물입니다. 유전 공학의 발전으로 생명 연장의 길이 열리게 되었다고 열광하는 사람들도 있습니다. 이처럼 날로 발전하는 유전 공학의 기술이 과연 인간에게 이로운 것인지에 대해 함께 토론해 봅시다.

세더잘 18

낙태 금지해야 할까?

재키 베일리 글 | 정여진 옮김 | 양현아 감수

낙태는 개인의 선택에 맡겨야 한다.
vs 국가가 규제하고 제한해야 한다.

낙태는 금지되어야 할까, 아니면 허용해야 할까? 만약 허용한다면 어디까지 허용해야 할까? 이와 같은 낙태에 대한 논쟁은 아주 오래전부터 끊임없이 지속되어 왔습니다. 낙태는 아이를 가진 여성 개인의 문제만이 아닌 태아를 하나의 인격체로 봐야 하는지 아닌지에 대한 부분까지 고려해야 하는 결코 쉽지 않은 주제입니다.

세더잘 17

프라이버시와 감시 자유냐, 안전이냐?

캐스 센커 글 | 이주만 옮김 | 홍성수 감수

프라이버시는 인간의 본질적 권리로 우리 모두가 지켜 나가야 한다.
vs 개인 PR의 시대, 자신의 프라이버시를 얼마큼 보호하느냐는 각자가 선택할 사항이다.

거리 곳곳에는 CCTV가 넘쳐나고, 생체 정보로 신원을 확인하고, 인터넷을 쓰려면 사이트마다 개인 정보를 입력해야 하는 등 프라이버시 침해와 일상적인 감시가 만연한 시대가 되었습니다. 범죄 예방 등 공동체의 안전을 담보하고 정보화 시대의 편익을 누리면서도 기본적 인권인 프라이버시를 어떻게 지켜 낼 수 있을지 생각해 봅니다.

세더잘 16

소셜네트워크 어떻게 바라볼까?

로리 하일 글 | 강인규 옮김

소셜 네트워크는 표현의 자유를 확장할 것이다.
vs 사생활 침해를 증가시킬 것이다.

페이스북이나 트위터와 같은 소셜 네트워크는 우리가 더 빠르고 빈번하게 소식을 주고받도록 도와줍니다. 아이티에서 지진이 발생했을 때도, 허리케인이 미국을 강타했을 때도, 이 소식을 가장 먼저 전했던 것은 바로 SNS였습니다. 하지만 역기능도 만만치 않습니다. 소셜 네트워크는 우리 생활을 어떻게 바꾸고 있을까요?

세더잘 15

인권 인간은 어떤 권리를 가질까?

은우근, 조셉 해리스 글 | 전국사회교사모임 옮김

인권은 모든 지역, 모든 사람에게 동등하게 적용되어야 한다
vs 인권의 잣대를 일률적으로 들이대선 안 된다

신문을 펼치면 연일 보도되는 비정규직 문제, 주택 문제, 성 폭력, 학교 폭력, 이주민 문제 등 인간사 모든 것이 인권과 관련되어 있습니다. 이 책은 인권 개념의 발견에서부터 하나하나의 구체적 권리를 세우기까지 인권 발전의 역사를 통해 인권의 이론과 실재를 한눈에 살피고 인권감수성을 키워 줍니다.

세더잘 14

관광산업 지속 가능할까?

루이스 스펠스베리 글 | 정다워 옮김 | 이영관 감수

관광산업은 일자리를 창출하고, 국가 경제에 큰 도움이 된다.
vs 관광산업은 자연을 훼손하고, 현지인의 전통적 삶의 방식을 파괴한다.

관광산업이 커지면서 사람들은 경제가 발전하고 다른 문화에 대한 접근성이 높아지는 이점을 누리게 되었습니다. 한편, 관광산업 노동자들의 근로 환경이 오히려 열악해지거나 자연이 훼손되는 부작용도 생겨났습니다. 이러한 문제들을 극복하기 위한 관광이 바로 지속 가능한 관광입니다. 책임관광, 공정여행이라고도 불리는 지속 가능한 관광을 다양한 관점에서 성찰해 봅니다.

세더잘 13

동물실험 왜 논란이 될까?

페이션스 코스터 글 | 김기철 옮김 | 한진수 감수

동물실험은 과학과 의학의 진보를 위해 반드시 필요하다.
vs 동물실험은 무의미하게 생명을 죽이므로 폐지해야 한다.

동물실험은 새로이 개발된 의약품이나 화학물질 등을 시판하기 전, 그 안전성을 검증하기 위해서 거치는 과정입니다. 인류는 수많은 동물의 희생으로 건강한 삶을 얻었습니다. 그러나 그 희생이 과연 윤리적으로 합당한지는 생각해 볼 문제입니다. 첨예한 논란을 일으키는 동물실험의 찬반양론을 명쾌하게 정리한 이 책을 읽고 과학 윤리에 대해 생각해 봅시다.

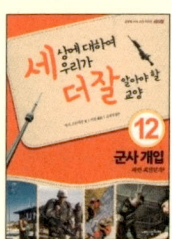

세더잘 12

군사 개입 과연 최선인가?

케이 스티어만 글 | 이찬 옮김 | 김재명 감수

군사 개입은 인권 보호를 위해 필요하다.
vs 군사 개입은 다른 나라의 주권을 침해할 뿐이다.

군사 개입은 세계에서 가장 논란이 되는 문제 중 하나입니다. 군사 개입으로 인해 사람이 죽고 공동체가 파괴되기 때문이지요. 폭력을 막기 위해 또 다른 폭력을 사용해도 될까요? 전쟁에 시달리고 있는 지구촌이 평화를 되찾는 법은 없을까요? 이 책은 국제 사회의 뜨거운 감자, 군사 개입을 다루며 지구촌 폭력과 평화에 대해 폭넓게 성찰하게 합니다.

세더잘 11

사형제도 과연 필요한가?

케이 스티어만 글 | 김혜영 옮김 | 박미숙 감수

사형은 국가가 행하는 합법적인 살인이므로 폐지되어야 한다.
vs 사형은 범죄를 억제하는 가장 효과적인 방법이므로 존치시켜야 한다.

사형제도 존폐를 둘러싼 팽팽한 논쟁은 지금도 이어지고 있습니다. 이 책은 사형제도 존폐론 외에도 사형 집행의 과정을 생생한 사례와 구체적인 논거로 철저히 분석합니다. 과연 사형에서 공정한 집행이 이루어지고 있는지, 오류는 없는지 등을 포함해, 사형제도를 둘러싼 국제적 이슈를 담아냈습니다. 이 책을 읽고 사형제도에 대한 자신만의 생각을 정립해 봅시다.

세더잘 10

성형수술 외모지상주의의 끝은?

케이 스티어만 글 | 김아림 옮김 | 황상민 감수

미용 성형 산업을 객관적인 시선으로 바라보도록 도와주어
현대 사회에 대한 근본적인 물음을 던지게 하는 책

성형 수술의 역사, 의미, 효과, 역사적 배경, 성형 산업의 현실 등을 상세하게 설명해 미용 성형에 대해 스스로 생각하고 합리적으로 판단할 수 있는 힘을 길러줍니다. 마땅히 '수정되어야 할 몸'에 대한 끊임없는 강박과 열등감이 만연한 현대 사회를 어떻게 바라봐야 할지 다시 한 번 깊이 생각하게 해 줄 것입니다.

세더잘 09

자연재해 인간과 자연이 공존하는 길은?

안토니 메이슨 글 | 선세갑 옮김

자연재해에 관한 사회·과학 통합서
'자연 대 인간'에서 '자연과 인간'으로!

이 책은 자연재해의 유형과 원인을 과학 원리로 설명하고, 피해자 구조나 복구 과정, 방재 대책 등에 관해 체계적으로 살펴봅니다. 또한 자연재해의 이면에 숨어 있는 정치·경제적인 논의와 함께 인간의 무분별한 행태가 재해를 부추기는 면도 지적하며 인문학적인 성찰을 유도합니다.

세더잘 08
미디어의 힘 견제해야 할까?
데이비드 애보트 글 | 이윤진 옮김 | 안광복 추천

미디어는 규제받아야 한다.
vs 미디어는 자유로워야 한다.

오늘날 제4의 권력이라고 불릴 정도로 강력해진 미디어의 힘에
대해 알아봅니다. 미디어를 지탱하는 언론 자유와 그 힘을 통제하려는 정부의 규제 사이에 벌어지는 논쟁
에 대한 다양한 관점을 제시하고, 미래의 미디어가 나아가야 할 방향에 대해서 생각해 보도록 돕습니다.

세더잘 07
에너지 위기 어디까지 왔나?
이완 맥레쉬 글 | 박미용 옮김

지구 온난화, 전쟁과 테러, 허리케인…
이 모든 것은 에너지 위기에서 비롯되었다!

우리는 에너지 없는 세상에서 하루도 살 수 없습니다. 하지만 현재 속도로 에너지를 소비한다면 앞으로
40년 이내에 주에너지원인 석유가 고갈될 것입니다. 이 책은 에너지 위기가 불러올 정치, 사회, 경제, 환
경의 변화를 알아보고, 무엇이 화석연료를 대신할 차세대 에너지원이 될지 꼼꼼히 따져 봅니다.

세더잘 06
자본주의 왜 변할까?
데이비드 다우닝 글 | 김영배 옮김 | 전국사회교사모임 감수

인류를 위한 가장 바람직한 자본주의의 변화상은 무엇인가?

자본주의의 역사와 발전상에 대해 알아보면서 자본주의라는 경제 체제가 인류를 위해 어떻게 복무했는
지, 문제가 발생하면 그때마다 인류에게 봉사하기 위해 어떤 모습으로 변신했는지에 대해 알아봅니다.
이를 통해 논쟁이 끊이지 않는 21세기의 자본주의가 어떻게 변해야 할지에 대해 생각해 보도록 합니다.

세더잘 05
비만 왜 사회문제가 될까?
콜린 힌슨, 김종덕 글 | 전국사회교사모임 옮김

왜 지구 한쪽에서는 굶어 죽는데,
다른 한쪽에서는 비만으로 죽는 걸까?

이 책은 이러한 역설에서 출발합니다. 오늘날 비만이 왜 사회 문제가 되었는지 역사적, 문화적 관점에서
살피고 선진국과 개발도상국에서 나타나는 비만 문제의 양상과 그 속에 숨은 식품산업의 어두운 그림자,
나아가 전 세계적 차원의 식량 문제로까지 사고의 범위를 넓혀 줍니다.

세더잘 04
이주 왜 고국을 떠날까?
루스 윌슨 글 | 전국사회교사모임 옮김 | 설동훈 감수

지구촌 다문화 시대의 국제 이주 바로 알기

오늘날 국제 사회와 다문화, 다민족 사회를 이해하기 위해 꼭 알아야 할 '이주'에 관한 책. 왜 사람들은 이
주를 선택하거나 강요받는지에 대한 다양한 관점을 제시하고, 또 이에 대한 정부의 정책과 국제기구의
활동도 알려 줍니다.

세더잘 03

중국 초강대국이 될까?

안토니 메이슨 글 | 전국사회교사모임 옮김 | 백승도 감수

세계 초강대국으로 떠오르고 있는 중국 바로 알기

우리나라는 정치·경제적으로 중국과 더욱 긴밀한 관계를 맺고 있습니다. 가까운 미래에 중국의 영향력은 더 커질 것이기에 중국을 제대로 이해해야 합니다. 이 책은 객관적 시선으로 중국을 편견 없이 바라보도록 돕습니다.

세더잘 02

테러 왜 일어날까?

헬렌 도노호 글 | 전국사회교사모임 옮김 | 구춘권 감수

평화로운 세상을 위해 더 잘 알아야 하는 불편한 진실, 테러

이 책은 테러에 대해 어떤 특정 사건과 집단 대신 '테러'라는 하나의 축으로 세계 갈등의 역사를 조망합니다. 나아가 평화로운 세상을 만들기 위해서 테러에 대해 잘 알아야 한다고 역설합니다.

세더잘 01

공정무역 왜 필요할까?

아드리안 쿠퍼 글 | 전국사회교사모임 옮김 | 박창순 감수

공정 무역 = 페어플레이. 초콜릿과 축구공으로 보는 세계 경제의 진실

공정무역을 포함한 무역과 시장경제를 올바르게 이해하도록 돕습니다. 오늘날 기업은 생존과 발전을 위해서 사회적 책임을 다해야 하고, 따라서 공정무역에 관심을 가질 수밖에 없습니다. 우리 아이들이 미래의 리더가 되기 위해 꼭 알아야 할 공정무역에 관한 책입니다.

※ 디베이트 월드 이슈 시리즈 **세더잘**은 계속 출간됩니다.